Set für den Immobilienkauf

Eva Kafke

Immobilienkauf
Das Set

Fahrplan zur Traumimmobilie

Checklisten für die Besichtigung

Finanzierungsplan

Prüfung des Kaufvertrags

Stiftung Warentest

Inhalt

Sie können die Formulare auch kostenlos online ausfüllen. Den Link und einen QR-Code finden Sie auf der Seite 95.

Kurzratgeber

Von der Suche bis zum Kauf der eigenen Immobilie müssen Sie sich mit zahlreichen Themen auseinandersetzen, die Ihnen womöglich völlig fremd sind – beispielsweise mit Energieeffizienz-Werten, Grundbucheinträgen und Tilgungsplänen. In diesem Kurzratgeber können Sie sich einen ersten Überblick verschaffen. Sie bekommen kurze Antworten auf zehn wichtige Fragen, mit denen alle Hauskäufer konfrontiert sind.

Antworten auf zehn wichtige Fragen

Gut vorbereitet ist der Immobilienkauf kein Hexenwerk. Erste Fragen beantworten wir in diesem Kapitel zum Einstieg kurz und knapp.

Frage 1: Wie gehe ich die Immobiliensuche strategisch an?

Zuerst müssen Sie sich darüber im Klaren sein, was genau Sie suchen – Einfamilienhaus oder Eigentumswohnung? Bestandsimmobilie oder Neubau vom Bauträger? Am besten erstellen Sie ein Suchprofil (siehe „Bedürfnisse und Wünsche", ab S. 14). Darin halten Sie alle Bedürfnisse und Wünsche fest und notieren, welche Anforderungen das künftige Zuhause und das Umfeld erfüllen sollen. Dann loten Sie Ihre finanziellen Möglichkeiten aus, um eine Orientierung für den maximalen Kaufpreis zu haben. Auch terminliche Vorgaben wie beispielsweise ein bevorstehender Wechsel des Beschäftigungsortes sind zu berücksichtigen. Damit haben Sie alle Parameter, um gezielt Internetplattformen, Kleinanzeigen und Webseiten von Maklern zu durchforsten. Auch ein Kaufgesuch ist eine Überlegung wert (siehe „Suchstrategie", ab S. 24).

Frage 2: Wie beurteile ich den energetischen Zustand eines Hauses?

Die energetische Qualität des Gebäudes bestimmt die Höhe der künftigen Betriebs-, aber auch Sanierungskosten und eventuelle Pflichten. Schon bei der Vorauswahl sollte dieser Faktor deshalb ein Kriterium sein. Einen Überblick über den Energiebedarf oder -verbrauch sowie die Treibhausgasemissionen liefert der Energieausweis. Spätestens bei der Besichtigung muss der Alt-Eigentümer diesen standardisierten Steckbrief vorlegen. Die wichtigsten Kennwerte müssen bereits in der Verkaufsanzeige stehen. Hilfreich sind auch die durchschnittlichen Strom- und Heizenergieverbräuche der bisherigen Bewohner. Im Idealfall hat der Eigentümer in der jüngeren Vergangenheit eine Energieberatung in Anspruch genommen. Aus dem Bericht des Experten erkennen Sie den anstehenden Sanierungsbedarf (siehe „Vorauswahl", ab S. 34).

Frage 3: Wie stelle ich sicher, dass ich kein Objekt mit verborgenen Schäden kaufe?

Der Kauf einer Bestandsimmobilie ist immer mit Risiken behaftet. Laien können beispielsweise erkennen, dass Putz abblättert. Aber sie können kaum einschätzen, ob eine unsachgemäße Installation des Putzes, die dauerhafte Durchfeuchtung der Wand dank einer fehlenden Abdichtung oder Setzungen im Gebäude die Ursache sind. Und sie können auch nicht beurteilen, mit welchen Kosten eine Sanierung verbunden ist. Sobald Sie ernsthaft Interesse an einem Altbau haben, ist es daher unbedingt ratsam, einen Besichtigungstermin mit einer unabhängigen Bauherrenberatung zu vereinbaren. Diese weiß und sieht mehr als Sie und haftet zudem für Mängel, die sie hätte erkennen müssen. Und sie kann – unabhängig von Mängeln – grob beziffern, mit welchen Sanierungskosten Sie rechnen müssen (siehe „Besichtigungstermin", ab S. 44).

Frage 4: Was muss ich beim Erwerb einer vermieteten Immobilie beachten?

Wenn Sie das Objekt – zumindest zunächst – weiter vermieten und etwa zur Ergänzung der Altersvorsorge nutzen wollen, ist eine stabil vermietete Immobilie Gold wert. Lassen Sie sich vom Eigentümer den Mietvertrag zeigen und die regelmäßige Mietzahlung belegen. In einem Gespräch mit den Mietern bekommen Sie ein Gefühl dafür, ob auch das Miteinander stimmt. Wollen Sie hingegen selbst einziehen, kann ein bestehendes Mietverhältnis zum Problem werden. Sie können zwar wegen Eigenbedarf kündigen, sobald Sie Eigentümer sind. Doch das kostet Zeit, Geld und Nerven. Besser ist es, vor dem Kauf eine Einigung zu erzielen (siehe „Vorgehen bei Mietverhältnissen", ab S. 48).

Frage 5: Wie erkenne ich, ob ein verlangter Preis angemessen ist?

Um das herauszufinden, müssen Sie sich ein wenig mit dem Immobilienmarkt vor Ort beschäftigen. Marktberichte und Preisspiegel, aber auch das regelmäßige Scannen von Onlineportalen hilft dabei, das Preisniveau einzuschätzen (siehe „Kaufpreis bewerten und verhandeln", ab S. 54). Allerdings dürfen Sie dabei Ihren finanziellen Rahmen nicht aus dem Blick verlieren: Der verlangte Preis kann noch so angemessen sein – wenn er über Ihren Möglichkeiten liegt (siehe „Budgetplanung", ab S. 60), schließt das den Kauf schnell aus.

Frage 6
Mit welchen Kosten muss ich zusätzlich zum Kaufpreis rechnen?

Die Kaufnebenkosten sind ein erheblicher Posten: Grunderwerbsteuer und Notar- und Grundbuchkosten summieren sich – je nach Bundesland – auf 5 bis 8,5 Prozent des Kaufpreises. Notar- und Grundbuchkosten addieren sich auf 1,5 bis 2 Prozent. Wird der Eigentümerwechsel von einer Maklerin vermittelt, kommen im Schnitt weitere 3,57 Prozentpunkte dazu (siehe „Finanzielle Möglichkeiten", ab S. 19). Diese Kosten können und sollten Sie bereits berücksichtigen, wenn Sie den für Sie maximal verträglichen Kaufpreis festlegen. Bei einer Bestandsimmobilie entstehen weitere Kosten für eine Renovierung, oft gar für eine umfangreiche Sanierung. Laien können diese kaum realistisch einschätzen. Empfehlenswert ist daher immer, eine unabhängige Bauherrenberatung hinzuziehen, sobald eine Immobilie in die engere Wahl kommt.

Frage 7
Wie viel Eigenkapital brauche ich?

Hauskäufer müssen in aller Regel einen Großteil des Kaufpreises fremdfinanzieren. Doch ohne Eigenkapital geht es nicht. Banken empfehlen einen Anteil von 20 bis 30 Prozent. Manch ein Institut macht sogar eine bestimmte Quote zur Bedingung. Der Grund: Das Eigenkapital dient der Bank als Sicherheit für das Darlehen. Je höher der Anteil des Eigenkapitals an den zu finanzierenden Kosten ist, desto besser fallen deshalb auch die Konditionen für den Kredit aus. Es lohnt sich also, möglichst alle kurz- oder mittelfristig verfügbaren Mittel einzusetzen. Verschaffen Sie sich dazu möglichst frühzeitig einen Überblick (siehe „Finanzielle Möglichkeiten", ab S. 19).

Frage 8
Wie finde ich ein passendes Darlehen?

Der Kaufpreis und Ihr Eigenkapital bestimmen den Finanzierungsbedarf und damit die Darlehenssumme. Als nächstes ermitteln Sie Ihre monatliche Belastbarkeit, also die potenzielle Kreditrate (siehe „Budgetplanung", ab S. 60). Dann müssen Sie sich ein wenig mit den unterschiedlichen Formaten von Immobilienkrediten befassen und entscheiden, ob ein Annuitätendarlehen mit monatlich gleich bleibenden Raten aus Zinsen und Tilgung oder ein endfälliges Darlehen besser zu Ihnen passt. Auch über die Laufzeit sollten Sie sich Gedanken machen. Und zuletzt geht es darum, möglichst günstige Konditionen zu finden.

Der erste Blick gilt dabei den Förderkrediten der staatlichen KfW-Bank. Ergänzend oder auch alternativ kommt ein Darlehen der Hausbank infrage. Ratsam ist immer der Vergleich von mehreren Angeboten. Achten Sie darauf, den Banken dafür jeweils übereinstimmende Vorgaben zu machen (siehe „Förderkredite und andere Darlehen", ab S. 62).

Frage 9
Was macht die Notarin und wie finde ich die richtige?

Das Bürgerliche Gesetzbuch schreibt vor, dass ein Vertrag, durch den das Eigentum an einem Grundstück übertragen beziehungsweise erworben wird, von einer Notarin beurkundet wird. Die Notarin ist hoheitlich im Auftrag ihres Bundeslandes tätig. Ihre Aufgabe ist es, durch den gesamten Verkaufsprozess zu führen und beide Vertragspartner zu beraten. Dabei ist sie zu Unabhängigkeit verpflichtet. Die Notarin setzt den Kaufvertrag auf, beglaubigt ihn und kümmert sich um zahlreiche Formalien wie etwa um die Auflassungsvormerkung im Grundbuch, die Veräußerungsanzeige an das Finanzamt und die Abwicklung der Kaufpreiszahlung. Käufer und Verkäufer müssen sich darüber einigen, welche Notarin sie beauftragen. Häufig übernimmt das der Käufer, denn er muss in der Regel die Notarkosten zahlen (siehe „Notarin", ab S. 72).

Frage 10
Was sollte auf jeden Fall im Kaufvertrag stehen und was nicht?

Alle Angaben zum Objekt, dem Käufer und dem Verkäufer müssen genau und korrekt sein. Wichtig sind detaillierte Regeln zur Zahlweise und Fälligkeit des Kaufpreises. Die Auszahlung sollte erst erfolgen, wenn für Sie eine Auflassungsvormerkung im Grundbuch steht. Darüber hinaus müssen Regelungen zum Zeitpunkt und zu den Bedingungen der Übergabe getroffen werden. Auch eine Auflistung bestehender Belastungen im Grundbuch gehört in den Kaufvertrag, etwaige Nebenabreden wie etwa die Übernahme einer Küche ebenfalls. Nicht im Kaufvertrag sollten hingegen die Maklerin mit ihrem Provisionsanspruch stehen, ferner eine Bemerkung der Notarin, sie habe das Grundbuch nicht eingesehen, oder die Behauptung von Mängelfreiheit oder die Freistellung des Verkäufers von allen Mängeln (siehe „Kaufvertrag", ab S. 74).

Suchen und finden

Der Weg zum Eigenheim beginnt mit einer Analyse: Wie sehen Ihre Wünsche, Vorlieben und Abneigungen bezüglich des Gebäudes und seiner Lage aus? Welche finanziellen Möglichkeiten haben Sie? Es lohnt sich, Zeit zu investieren und ein individuelles Suchprofil zu entwickeln. Denn das dient bei der Suche, aber auch bei Besichtigungen und bei der Entscheidung für oder gegen einzelne Immobilien als Richtschnur.

Bedürfnisse und Wünsche

Wer auf Immobilienportalen unterwegs ist, kennt die gängige Struktur von Suchmaschinen: Gefragt werden Zimmer- und Quadratmeterzahl sowie ein regionaler Radius. Allein mit diesen Parametern erhält man jedoch eine Vielzahl von Treffern. Manch einer davon wird nicht den eigenen Vorstellungen entsprechen.

Doch was sind die eigenen Wünsche und Bedürfnisse? Sie zu definieren, ist der erste Schritt, die Vorstufe zur Suche. Eine solche systematische Bedarfsanalyse hat gleich mehrere Vorteile: Zum einen treffen Sie in diesem Prozess manch eine richtungweisende Vorentscheidung. Zum anderen haben Sie ein einheitliches Suchraster und können gezielt die Filtermöglichkeiten in Portalen nutzen oder einer Maklerin Details nennen. Und schließlich haben Sie eine Schablone, um infrage kommende Objekte zu beurteilen. Am Anfang stehen zwei Grundsatzfragen: Einfamilienhaus oder Wohnung? Altbau oder Neubau? Dann geht es an die Details.

Einfamilienhaus oder Wohnung?

Der Traum vom Eigenheim ist für viele gleichbedeutend mit dem Traum von einem freistehenden Einfamilienhaus, einem Reihenhaus oder einer Doppelhaushälfte. Dort kann man als Eigentümer das Gebäude, die Wohnräume und das Grundstück nach Belieben nutzen, gestalten und auch umbauen. Als Eigentümer einer Wohnung hingegen ist man Teil einer sogenannten Eigentümergemeinschaft. Man verfügt nur bedingt über ein „eigenes Reich". Das endet schon an der Wohnungstür. Alles, was im Gemeinschaftseigentum steht, müssen die Eigentümer mit ihren Miteigentümern und Wohnungsnachbarn teilen, und alle Entscheidungen dazu gemeinsam treffen. Das bringt Einschränkungen in der eigenen Freiheit mit sich und erfordert immer wieder Kompromisse. Manchen Kaufinteressenten wird das erst bewusst, wenn sie die Wohnung übernommen haben. Dann kann die Pflicht zum Miteinander zum Dauerärgernis werden. Besser ist es, vorher zu wissen, auf was man sich einlässt. So kann man sich entweder gegen diese Form des Eigentums entscheiden oder auch Fallstricke schon bei der Suche oder Besichtigung erkennen.

Bei der Entscheidung für die eine oder andere Eigentumsform spielen auch die persönlichen Lebensumstände und die weitere Lebensplanung eine große Rolle. Schon der gewünschte Standort kann die Richtung vorgeben. So gibt es etwa in zentralen Lagen in aller Regel nur wenige Einfamilienhäuser und wenn, dann meist auf handtuchkleinen Grundstücken. Junge Familien, die sich einen Garten zum Toben wünschen, finden ihr künftiges Haus leichter am Stadtrand oder im ländlichen Raum. Wer hingegen in der Innenstadt arbeitet oder dort seinen Lebensmittelpunkt hat und Wert auf kurze Wege legt oder ganz auf ein Auto verzichten möchte, hat dort zumeist eine größere Auswahl an Eigentumswohnungen.

Altbau oder Neubau?

Die zweite Richtungsentscheidung ist, ob ein bestehendes Haus bzw. eine Altbauwohnung oder aber ein Neubau anvisiert wird. Diese Entscheidung wirkt sich auf die Suchmöglichkeiten und Ansprechpartner, aber auch auf die eigene Zeit- und Budgetplanung aus.

Bestandsimmobilien punkten oft mit einer zentralen Lage, einem gewachsenen Wohnumfeld und einer ausgeprägten Infrastruktur. Umfangreiche künftige Veränderungen in der Nachbarschaft sind hier eher die Ausnahme. Das Gebäude ist real und nicht nur in einem Projektexposé vorhanden. Man kann die Immobilie erstens besichtigen und zweitens oft in einem überschaubaren Zeitraum übernehmen. Besonders beliebt sind sanierte Gründerzeitvillen oder Altbauwohnungen. Wer nach einem solchen Objekt sucht, wünscht sich das Flair gediegener Bürgerlichkeit kombiniert mit Komfortmerkmalen des 21. Jahrhunderts. Nachteilig kann jedoch bei diesen und allen anderen Altbauten der Zustand der Bausubstanz sein. Den gilt es auf jeden Fall vor dem Kauf genau zu prüfen. Bei einer sanierten Immobilie geht es dabei weniger um sichtbare Schäden und Abnutzungen wie etwa undichte Fenster oder eine veraltete Heizungsanlage, sondern vielmehr um jene Mängel, die man nicht sofort erkennt wie beispielsweise Wärmebrücken durch Balkone oder Loggien. Für Laien ist es nahezu unmöglich, bei einer Objektbesichtigung alle kritischen Punkte zu sehen. In einer unsanierten Immobilie ist immerhin manch eine Macke sichtbar, die in frisch gestrichenem Zustand möglicherweise verdeckt ist. Ein Sanierungsstau bedeutet in der Regel immer ein großes Kostenpaket und oft auch über Jahre verteilte Bautätigkeit. Das ist allerdings zugleich die Chance, eigene Vorstellungen einzubringen.

Neubauten entstehen manchmal in Baulücken, vor allem jedoch im Speckgürtel von Städten oder am Rande bereits bestehender Bebauung. Sie haben ein modernes Erscheinungsbild und einen hohen energetischen und sonstigen technischen Standard. Umfangreiche Sanierungen stehen damit in den kommenden Jahren nicht an. In neu erschlossenen Bebauungsgebieten finden Baufamilien schnell Anschluss und Kinder Spielgefährten.

Denkmalschutz

Ein Sonderfall unter den Bestandsimmobilien sind denkmalgeschützte Altbauten, also Gebäude, deren Erhalt aufgrund ihrer historischen, wissenschaftlichen, künstlerischen, technischen, städtebaulichen oder kulturlandschaftlichen Bedeutung im öffentlichen Interesse liegt. Wer eine solche Immobilie kauft, verpflichtet sich für die Zukunft.
Das Amt für Denkmalschutz der jeweiligen Gemeinde überwacht die Einhaltung des Denkmalschutzgesetzes. Die Behörde muss alle baulichen Veränderungen an der Denkmalimmobilie genehmigen; sie kann auch Maßnahmen untersagen oder Auflagen erteilen.

Der Staat unterstützt selbstnutzende Eigentümer von denkmalgeschützten Immobilien durch teils höhere Fördersätze und durch die Möglichkeit, 90 Prozent der Kosten für Sanierungen und Instandhaltungen verteilt über zehn Jahre mit jährlich 9 Prozent steuerlich geltend zu machen. Voraussetzung ist, dass der Käufer das Objekt erworben hat, bevor die Sanierung beginnt. Der Haken der Steuervergünstigungen ist: Erwerb und Sanierung müssen vorfinanziert werden. Wer sich auf ein solches Unterfangen einlässt, braucht also Geduld mit den Behörden, Kompromissbereitschaft bei der Umsetzung von baulichen Maßnahmen und ein gutes Finanzpolster.

Wer ein Grundstück erwirbt und ein Bauunternehmen mit dem Hausbau beauftragt, kann diesen nach seinen eigenen Vorstellungen planen. Ein solches Vorhaben ist ein derart umfangreiches Thema, dass es den Rahmen dieser Publikation sprengen würde. Alles, was Sie bei der Errichtung eines Wohnhauses beachten müssen, erfahren Sie in unserem Bauherren-Handbuch. Dort werden auch unterschiedliche Herangehensweisen und Eigentumsformen wie etwa Baugemeinschaften, auch Bauherrengemeinschaft genannt, erörtert.

In unserem Zusammenhang spielt eine andere Art von Neubauten eine Rolle, nämlich projektierte, im Bau befindliche oder gerade fertig gestellte Neubauten von einem Bauträger. Im Unterschied zum Bauunternehmen, das im Auftrag des Bauherrn auf dessen Grundstück tätig wird, ist ein Bauträger ein gewerbsmäßig tätiges Unternehmen, das auf eigenem Grund und Boden Gebäude errichtet und den Vertrieb dieser Immobilien organisiert. Meist veräußern Bauträger das Haus oder die Wohnungen samt Grundstück schlüsselfertig nach Fertigstellung. Doch der Vertrieb beginnt oft viel früher, mit Hilfe von Exposés und Hochglanzprospekten. Wenn Erwerbende frühzeitig involviert sind, können sie noch Einfluss auf bestimmte Details und Ausstattungsmerkmale nehmen. Wird die Immobilie erst dann zum Verkauf angeboten, wenn sie fertiggestellt ist, dann sind Änderungen nicht mehr ohne Weiteres möglich. Ein solches Objekt birgt für den Käufer ähnliche Risiken wie ein sanierter Altbau: Man sieht nur noch, was die Oberflächengewerke hinterlassen haben. Es ist zwar nützlich, sich das Exposé und die Baubeschreibung genau anzuschauen und die vorgefundenen Details der Wohnung damit zu vergleichen. Aber Laien entdecken bei diesem Abgleich nicht unbedingt, worauf es wirklich ankommt. Bei solchen Projekten ist eine fachkundige Begleitung unbedingt empfehlenswert.

Immobilie vom Bauträger

Der Kauf einer Bauträger-Immobilie hat viele Ähnlichkeiten mit dem einer Bestandsimmobilie, unterscheidet sich aber auch in wesentlichen Punkten. Deshalb gibt es in unserer Publikation mehrere Kapitel, die sich speziell mit der Suche nach einer Bauträger-Immobilie und mit Besonderheiten bei der Vertragsgestaltung befassen (siehe Kapitel „Immobilien vom Bauträger“, ab S. 31 sowie auf den folgenden Seiten: 52, 74ff. und 81.

Raumbedarf

Das künftige Zuhause soll ausreichend Platz für alle Bewohnerinnen und für alle gewünschten Nutzungen bieten. Das bedeutet nicht nur, dass die Wohnfläche insgesamt groß genug sein muss. Auch der Zuschnitt muss passen. Mit einem Raumprogramm stecken Sie den Rahmen ab.

Zuerst geht es an die Wohnräume: Wie viele Wohn-, Schlaf-, Kinder- und Arbeitsräume werden benötigt – heute, aber auch in 10 oder 20 Jahren? Ist ein separates Gästezimmer gewünscht? Soll die Küche vom Wohnbereich getrennt oder offen sein? Reicht ein Badezimmer aus, oder soll es ein Gäste-WC geben, womöglich mit Dusche? Nehmen Sie sich ausreichend Zeit, den Raumbedarf mit Partnern, Familie und anderen Beteiligten zu besprechen, vor der Suche, aber auch immer wieder im Such- und Entscheidungsprozess. Sie werden vermutlich nicht sofort eine Immobilie finden, die all Ihren Wünschen ohne Abstriche gerecht wird. Dann müssen Sie Ihr ursprüngliches Raumprogramm anpassen.

Das Gebäude

Manche Kaufinteressenten konzentrieren sich bei der Suche auf die eigenen vier Wände und vernachlässigen dabei das Gebäude. Dabei spielt das mit seinen architektonischen und baulichen Besonderheiten eine wichtige Rolle für das Wohngefühl. In einem freistehenden Gründerzeithaus lebt es sich anders als in einem Reihenhaus aus den 70er-Jahren oder einem Bungalow. Eine Wohnung in einem Dreifamilienhaus unterscheidet sich enorm von einer Einheit in einem Block mit 30 Wohnungen. Hinzu kommt: Als Eigentümer wird man verantwortlich für das Gebäude samt seiner Außenanlagen. Dazu gehört auch, dass man im Laufe der Jahre notwendige Reparaturen und Sanierungen durchführen und bezahlen muss. Es ist also durchaus ratsam, sich bereits vor der konkreten Suche auch über Anforderungen an das Alter und die

AUSFÜLLHINWEIS

Formular A: Bedarfsanalyse

Nutzen Sie unsere Checklisten als Gedankenstützen und Vorlage, um Ihr individuelles Suchprofil zu erarbeiten. Unter Umständen werden Sie im Laufe der Suche feststellen, dass wichtige Aspekte nicht berücksichtigt oder einzelne Vorgaben kaum realisierbar sind. Dann sollten Sie Ihre Checklisten überarbeiten.

Im ersten Block können Sie Ihr eigenes Raumprogramm entwickeln. In der ersten Spalte haben wir die häufigsten Raum- und Nutzungsarten aufgelistet. Hier finden Sie auch Alternativoptionen beispielsweise für die Aufteilung von Kochen und Wohnen. Wenn für Sie feststeht: Die Küche und ein Wohnraum mit Essplatz sollen voneinander getrennt sein, können Sie die Zeilen „Küche mit Essplatz" und „Wohnen/Küche" streichen. Damit schränken Sie allerdings von vornherein die Auswahl ein. Wenn Sie sich im Vorfeld über alle denkbaren Raumkonstellationen Gedanken gemacht haben, sind Sie flexibler. In der zweiten Spalte ordnen Sie den gewünschten Räumen einen Größenkorridor zu. Statistiken zu durchschnittlichen Raumgrößen gibt es nicht. Für Schlafräume ist eine Fläche von 11 bis 15 Quadratmetern üblich. Bei allen anderen Räumen hängt die erforderliche Größe stark von der oder den Nutzungen ab. Sie benötigen ein häusliches Arbeitszimmer, wollen aber auch gelegentlich Übernachtungsgäste unterbringen? Dann lassen sich diese beiden Nutzungen auf zwei Räume à 10 oder 12 Quadratmeter verteilen oder auch zusammen in einem 15 Quadratmeter großen Raum unterbringen. Das Portal fertighaus.de hat Richtwerte für Bauherren von Einfamilienhäusern zusammengetragen. Hilfreich ist auch ein Blick auf nullbarriere.de. Dort erfahren Sie, welche Raumgrößen DIN-Normen für ältere Menschen oder Rollstuhlfahrer vorsehen. Zu bedenken sind auch Räume und Flächen, die sich außerhalb des Wohnbereichs befinden, wie etwa Abstellplätze für Fahrzeuge, und natürlich die Grundstücksfläche. In der dritten Spalte unserer Checkliste ist Platz für Anmerkungen. Auch Prioritäten können hier notiert werden, etwa zur Himmelsausrichtung oder zur Lage der Räume zueinander.

Der zweite Block dient dazu, Anforderungen an das Gebäude, seine Architektur und technische Ausstattung festzuhalten.

Im dritten Block definieren Sie maximale Entfernungen zu Zielen, die für Sie wichtig sind. In der dritten Spalte können Sie beispielsweise eine Priorisierung vornehmen.

Der vierte und letzte Block erfasst Wünsche und Abneigungen bezüglich des Wohnumfeldes.

Konstruktion des Gebäudes Gedanken zu machen.

Viel Augenmerk verdient dabei die Haustechnik. Das Beispiel Heizung macht das besonders deutlich: Der Wohnkomfort, die Betriebskosten, die künftigen Sanierungskosten und die Wertentwicklung des Gebäudes hängen maßgeblich vom vorhandenen Wärmeerzeuger ab, natürlich in Kombination mit den Heizflächen und den Thermostaten in der Wohnung. Eine Wärmepumpe sorgt für Raumwärme? Prima. Auch mit einem Fernwärmeanschluss ist das Haus gut für die Wärmewende in den kommenden Jahren gewappnet. Steht hingegen ein betagter Gaskessel im Keller, dann ist die Heizungserneuerung aufgrund der Auflagen durch das Gebäudeenergiegesetz in Sichtweite. Wird das Warmwasser in Küche und Bädern in Durchlauferhitzern erwärmt, trägt das wesentlich zum Stromverbrauch bei. Umgekehrt reduziert eine Photovoltaikanlage den Strombezug aus dem Netz, und eine Lüftungsanlage mit Wärmerückgewinnung verringert den Energieverbrauch. Auch ein DSL- oder Glasfaseranschluss ist wichtig, nicht nur für alle im Homeoffice Tätigen. Die einbruchsichere Eingangstür erhöht die Sicherheit, gute Beleuchtung rund ums Gebäude ebenfalls. Leerrohre in den Wänden ermöglichen die künftige Nachrüstung von Elektroleitungen, Multimedia und Co. Bei den eigenen Präferenzen in puncto technischer Ausstattung hängt viel vom Nutzungsverhalten ab. Auch die Überzeugung, einen Beitrag zum Klimaschutz leisten zu wollen, kann eine Rolle spielen.

Stufen, verwinkelte Räume und enge Treppenhäuser machen nicht nur älteren Menschen das Leben schwer oder gar unmöglich. Auch Familien mit kleinen Kindern, sind für schwellenlose Räume mit ausreichend Bewegungsfreiraum und Abstellflächen dankbar. Barrierefreie Umbauten sind zwar meist möglich, oft jedoch mit erheblichem Aufwand verbunden. Einfacher ist es, die Barrierefreiheit und das Gewicht, das sie haben soll, bei der Suche zu bedenken. Das gilt vor allem dann, wenn das Haus irgendwann als Alterswohnsitz dienen soll.

Die Lage

Wo wollen Sie wohnen? Auch mit dieser Frage sollten Sie sich in Ruhe auseinandersetzen, bevor Sie die konkrete Suche in Angriff nehmen.

Dabei geht es weniger darum, zwei Stadtviertel ins Visier zu nehmen, als vielmehr um die Anforderungen, die der Standort erfüllen sollte.

Der künftige Wohnort wird die Tagesabläufe der einzelnen Familienmitglieder erheblich beeinflussen. Die Wegstrecken zu Arbeitsplatz, Schule und Einkaufsmöglichkeiten sollten möglichst kurz oder möglichst einfach zu bewältigen sein. Auch wichtige soziale Treffpunkte, Freizeitbeschäftigungen und medizinische Versorgung müssen bedacht werden. Weite Wege kosten Zeit und oft auch Geld. Teil der Bedarfsanalyse ist also die Festlegung von maximalen Entfernungen.

Genau wie beim Raumprogramm gilt auch hier: Die heutigen Bedürfnisse, Vorlieben und Abneigungen sind das eine. Doch die werden sich vermutlich im Laufe der kommenden Jahre ändern. Wer gut zu Fuß ist, betrachtet eine Bushaltestelle in einer Viertelstunde Entfernung als leicht erreichbar. Doch in 20 Jahren fühlt sich das vielleicht anders an. Oder: Der Weg zur Arbeitsstätte mag heute ein zentrales Kriterium sein. Doch was ist, wenn Sie den Arbeitgeber wechseln? Natürlich kann man solche Veränderungen nicht bis ins Detail vorhersehen, wohl aber in einigen groben Linien.

Teil zwei der Überlegungen zum Standort gilt dem Wohnumfeld. Die Nachbarschaft und ihre Bewohner werden einen großen Einfluss darauf haben, wie wohl Sie sich in Ihrem künftigen Zuhause fühlen, die Belastung durch Lärm und Verkehr ebenfalls.

Gewerbliche Nutzung

Wer eine Immobilie erwirbt, um darin nicht nur zu wohnen, sondern auch das eigene Steuerberatungsbüro oder einen Frisörsalon einzurichten, muss diverse Regeln einhalten. Die gewerbliche (Teil-)Nutzung ist nur unter bestimmten Voraussetzungen zulässig.

Zum einen ist zu beachten, ob sich die Immobile in einem reinen Wohngebiet oder in einem ausgewiesenen Mischgebiet befindet. In einem reinen Wohngebiet kann das Bauamt die Ausübung eines Gewerbes nach der Baunutzungsverordnung untersagen. Für bestimmte Berufe wie etwa Notarinnen, Schriftsteller und Hebammen gibt es eine Ausnahme. Für sie gilt das Recht auf freie Berufsausübung. Doch auch das hat Grenzen: Die gewerbliche Nutzung darf das Wohnen der übrigen Parteien nicht mehr als die zweckbestimmte Nutzung zu Wohnzwecken stören. Was das bedeutet, beschäftigt regelmäßig die Gerichte. Die müssen im Einzelfall die Beeinträchtigung durch Lärm, aber auch durch Publikumsverkehr bewerten.

Bei einer Eigentumswohnung kann darüber hinaus die Teilungserklärung beziehungsweise die Gemeinschaftsordnung eine gewerbliche Nutzung einschränken (siehe „Besonderheiten in Eigentümergemeinschaften", ab S. 49). Ist die Nutzungsart dort ausdrücklich auf Wohnzwecke beschränkt, muss die Wohnungseigentümergemeinschaft der Nutzungsänderung zustimmen. Verweigern darf sie das allerdings nur aus triftigen Gründen. Es kann auch niemand untersagen, wenn jemand in der eigenen Wohnung ein Arbeitszimmer oder Homeoffice einrichtet. In der Rechtsprechung ist anerkannt, dass eine Nutzung von Räumlichkeiten zu teilweise freiberuflichen Tätigkeiten jederzeit zulässig ist, wenn in einer Wohnung eines der Zimmer als Büro genutzt wird, um zu Hause zu arbeiten, und wenn dort keine Besucher empfangen werden. Dennoch: Es empfiehlt sich, diesen Aspekt vor dem Kauf zu klären.

Finanzielle Möglichkeiten

Einer der zentralen Parameter bei der Immobiliensuche ist der Kaufpreis. Voraussetzung dafür, dass man zielgerichtet Angebote in einer realistischen Größenordnung ermitteln und durchforsten kann, ist ein Überblick über die eigenen wirtschaftlichen Verhältnisse.

Um die Finanzierungsplanung geht es später ausführlich (siehe „Finanzieren", ab S. 59). Ein frühzeitiger grober Kassensturz liefert jedoch eine Momentaufnahme der finanziellen Situation und dient der strategischen Orientierung.

Eigenkapital

Das verfügbare oder gegebenenfalls aktivierbare Vermögen ist der Grundstock für die Immobilienfinanzierung. Angespartes oder kurzfristig flüssiges Eigenkapital können Sie direkt in das Vorhaben investieren. Dazu gehören beispielsweise Girokonten, zuteilungsreife Bausparverträge (siehe unten) oder Geldgeschenke aus der Verwandtschaft. Je umfangreicher das Eigenkapital ist, desto größer kann der Kreditrahmen ausfallen und desto günstiger wird der Kredit werden. Entsprechend gilt es, alle dafür tauglichen Mittel zu mobilisieren.

Zu den Vermögensbestandteilen, die nicht als Eigenkapital in Betracht kommen, zählt vor allem langfristig angelegtes Geld, an das Sie nicht oder nur mit größerem Verlust herankämen. Solche Posten können Sie der Bank als Sicherheit anbieten. Gleiches gilt auch für schuldenfreie Immobilien, die Sie bereits besitzen. Derartige Sicherheiten können den möglichen Kreditrahmen erhöhen und die Darlehenskonditionen verbessern.

AUSFÜLLHINWEIS

Formular B: Kassensturz

Unser Formular „Kassensturz" hilft Ihnen dabei, einen umfassenden Überblick über die eigenen flüssigen Mittel zu erlangen. Darin können Sie neben Geldern, die direkt als Eigenkapital einsetzbar sind, auch alles eintragen, was als Darlehenssicherheit infrage kommt. Diese brauchen Sie zwar nicht, um einen Suchrahmen abzustecken. Wenn es um die Kreditbeantragung geht, wird das Geld gebende Institut jedoch nach Sicherheiten fragen. Die Unterlagen zu Eigenkapital und Darlehenssicherheiten verwahren viele Bauherren zusammen. Daher bietet es sich an, bereits zum jetzigen Zeitpunkt eine Gesamtauflistung vorzunehmen.

Bausparvertrag

Wer bereits Kundin beziehungsweise Mitglied einer Bausparkasse ist, kann das Guthaben oder die Bausparsumme in die Finanzierung einbringen.

Das Prinzip des Bausparens sieht vor, dass ein Teil – in der Regel 30 bis 50 Prozent – der späteren Bausparsumme durch monatliche Sparbeträge angesammelt wird. Ist dieser Betrag zusammengekommen, die vorgesehene Bewertungszahl erreicht und eine Mindestspardauer verstrichen, ist der Bausparvertrag „zuteilungsreif". Jetzt können Kunden die Zuteilung beantragen und sich nach einer Frist von wenigen Monaten das angesparte Geld samt Zinsen und gegebenenfalls erhaltenen Förderungen – wie zum Beispiel Wohnungsbauprämie, Wohn-Riester oder vermögenswirksame Leistungen vom Arbeitgeber – überweisen lassen. Außerdem erhalten sie von der Bausparkasse das Bauspardarlehen.

Wer es schafft, den Hauskauf so zu terminieren, dass sie oder er den Zeitpunkt der Zuteilung erwischt, erhöht so das Eigenkapital und hat zugleich einen günstigen Kredit. Allerdings ist eine solche Terminnähe eher die Ausnahme als die Regel.

Ist der Vertrag zuteilungsreif, der Hauskauf jedoch erst in Planung, können Sie den Vertrag ruhen lassen. Er wird nicht weiter bespart, das Geld steht jedoch dann zur Verfügung, wenn es benötigt wird. Soll umgekehrt ein Bausparvertrag bereits vor der Zuteilung in die Hausfinanzierung eingehen, so kann die Zeit bis zur Zuteilung mit einer Zwischenfinanzierung überbrückt werden. Alternativ lässt sich die Zuteilung durch eine Vertragsanpassung und die Senkung der Bausparsumme beschleunigen. Auch die Aufteilung in zwei Verträge ist denkbar. Und schließlich können auch Bausparverträge gekündigt werden. Damit verzichtet der Bausparer allerdings auf sein Bauspardarlehen und meist auch auf eventuell vereinbarte Bonuszinsen.

Besonders interessant ist das Konzept Bausparen für Einzelpersonen mit einem zu versteuernden Jahreseinkommen von bis zu 35 000 Euro und für Ehepaare mit bis zu 70 000 Euro. Sie erhalten vom Staat einen Zuschuss zum Bausparvertrag, die sogenannte Wohnungsbauprämie. Sie umfasst 10 Prozent der jährlichen Sparleistung, maximal jedoch 70 Euro für Singles und 140 Euro für Paare.

Übrigens: Der kurzfristige Abschluss eines Bausparvertrags für einen zeitnahen Hauskauf lohnt sich nicht, denn die Ansparphase wäre viel zu kurz, um noch rechtzeitig eine Zuteilung erhalten zu können, bevor die Rechnungen rund um den Immobilienerwerb beglichen werden müssen.

Wohn-Riester

Riester-Kunden können das angesparte Kapital zur Immobilienfinanzierung heranziehen. Die Riester-Förderung müssen Sie nicht zurückzahlen, wenn Sie in die Immobilie selbst einziehen.

Besonders einfach funktioniert das sogenannte Wohn-Riestern mit einem Riester-Bausparvertrag. Aber auch andere Riester-Produkte – Rentenversicherung, Fondssparpläne und Banksparplan – lassen sich auf diese Weise nutzen. Dafür gibt es zwei Wege: Sie können erspartes Vermögen entnehmen und als Eigenkapital einsetzen. Oder Sie zahlen Teile eines bereits laufenden Immobiliendarlehens auf einen Schlag zurück, tätigen also eine Sondertilgung. Voraussetzung für die Entnahme des Kapitals ist ein Antrag bei der Zulagenstelle für Altersvermögen der staatlichen Rentenversicherung (www.zfa.deutscherentenversicherung-bund.de). Alternativ können Sie das angesparte Kapital in einen Riester-Bausparvertrag umwandeln.

Wohn-Riestern ist an zahlreiche Bedingungen und Fristen geknüpft. Auch steuerliche Aspekte sind zu beachten. Sämtliche Regeln zu erläutern, würde den Rahmen dieser Publikation sprengen. Alle Informationen finden Sie in unserem Immobilienfinanzierungs-Set.

Überschlag: Was können wir uns leisten?

In der Regel reicht das Eigenkapital für den Kauf einer Wohnimmobilie nicht aus. Also muss ein – oft beträchtlicher – Teil des Kaufpreises fremdfinanziert werden.
Viele Banken empfehlen, dass Käufer 20 bis 30 Prozent der Gesamtkosten aus eigenen Mitteln aufbringen sollten. Manch ein Geldgeber macht eine bestimmte Eigenkapitalquote auch zur Bedingung für ein Immobiliendarlehen.

Fürs Erste können Sie mit einer Eigenkapitalquote von 25 Prozent rechnen. Die Gesamtkosten des Hauskaufs dürfen dann etwa das Vierfache Ihres Eigenkapitals betragen. Wer eher konservativ veranlagt ist, wird so kalkulieren, dass das Eigenkapital nicht 25 Prozent, sondern 30 Prozent der Gesamtkosten abdeckt.

Wer risikofreudiger ist und vielleicht über ein hohes regelmäßiges Einkommen verfügt, wird mit 20 Prozent Eigenkapital rechnen. Als Rechenformel sieht das so aus:
Gesamtkosten = Eigenkapital : 0,25

UNSER RAT

Finanzierung frühzeitig vorbereiten

Die Finanzierung eines Haus- oder Wohnungskaufs kann sich aufwendig gestalten, beispielsweise wenn Fördermittel und damit unterschiedliche Finanzierungsquellen im Spiel sind.
Ärgerlich ist, wenn man die Traumimmobilie gefunden hat und die Finanzierung nicht schnell genug gestemmt bekommt, weil einzelne Zahlen oder Unterlagen fehlen. Der Kassensturz ist ein guter Anlass, die ersten Dokumente gesammelt beiseite zu legen.
Falls Sie Kapital aus einem Riester-Vertrag entnehmen wollen, sollten Sie zu Beginn Ihrer Immobiliensuche das Institut kontaktieren, bei dem Sie den Riester-Vertrag abgeschlossen haben, und den Antrag bei der Zentralen Zulagenstelle für Altersvermögen (ZfA) stellen. Erkundigen Sie sich, wie lange es voraussichtlich bis zur Auszahlung des Geldes dauert. Kaufen Sie vorher, droht Ihnen einen Eigenkapital-Lücke.
Darüber hinaus können Sie die Finanzierung vorbereiten, indem Sie parallel zur Suche Ihre monatliche Belastbarkeit ermitteln und sich einen Überblick über mögliche Finanzierungsquellen verschaffen (siehe „Budgetplanung“, ab S. 60).
Kaufinteressierte, die eine Hausbank an der Hand haben, können frühzeitig ein Beratungsgespräch nutzen.

NUTZUNGSHINWEIS

Formular C: Kaufnebenkosten

In unserer Tabelle finden Sie die aktuell gültigen Grunderwerbsteuersätze sowie die Durchschnittswerte für die anderen Gebühren. Damit können Sie berechnen, welchen prozentualen Anteil die vier großen Posten der Kaufnebenkosten bei Ihnen ausmachen werden. Mithilfe dieses Prozentsatzes und der im Formular „Kassensturz" ermittelten realistischen Gesamtkosten können Sie nun den maximalen Kaufpreis abschätzen.

Kaufnebenkosten einkalkulieren

Wer ein Haus erwirbt, muss nicht nur den Kaufpreis bezahlen, sondern auch diverse Kaufnebenkosten. Um herauszufinden, welchen Kaufpreis Sie sich leisten können, müssen Sie die voraussichtlichen Kaufnebenkosten von den Gesamtkosten, die Sie realistisch begleichen können, abziehen.

Die Kaufnebenkosten setzen sich – zumindest bei einem bezugsfertigen, sanierten Gebäude – aus drei großen Posten zusammen: der Grunderwerbsteuer, den Gebühren für die Notarin und die Umschreibung im Grundbuch. Meist kommt als vierter Posten noch eine Maklerprovision hinzu. Bei allen vier Posten handelt es sich nicht um festgelegte Summen. Vielmehr machen sie jeweils einen bestimmten Prozentsatz des Kaufpreises aus:

→ **Der Grunderwerbsteuersatz** unterscheidet sich in den Bundesländern. In Bayern ist er mit 3,5 Prozent am niedrigsten, in Brandenburg, Nordrhein-Westfalen, dem Saarland und Schleswig-Holstein mit 6,5 Prozent am höchsten (Stand: Januar 2025).

→ **Die Gebühren für die notarielle Beurkundung** des Kaufvertrags und weitere Dienstleistungen des Notars sowie für den Eintrag ins Grundbuch ergeben sich aus dem Gerichts- und Notarkostengesetz. Zusammen betragen sie etwa 2 Prozent des Kaufpreises.

→ **Die Maklerprovision** ist das frei verhandelbare Erfolgshonorar, das eine Immobilienmaklerin erhält, so ihre Tätigkeit zum Abschluss eines Kaufvertrags führt. Es gibt keine Regelungen für bestimmte Regionen, nicht einmal belastbare Statistiken zur üblichen Höhe der Provision in einem Land oder einer Stadt. Bundesweit liegt die durchschnittliche Gesamtprovision nach Angaben von diversen Immobilienportalen und Banken bei 7,14 Prozent. Seit 2020 darf ein Verkäufer die Maklergebühr nicht mehr komplett auf den Käufer abwälzen, sie wird nun in aller Regel hälftig geteilt. Die Käuferprovision beträgt damit im Schnitt 3,57 Prozent.

Unterm Strich summieren sich diese vier Posten also – abhängig vom Standort – auf 5 bis 12,07 Prozent des Kaufpreises.

Unwägbarkeit Sanierungskosten

Die Gleichung „Gesamtkosten gleich Kaufpreis plus Kaufnebenkosten" gilt ganz grob für ein bezugsfertiges Gebäude ohne Sanierungsbedarf. Anders sieht es bei einem Sanierungsfall aus. Dann umfassen die Gesamtkosten, die Sie als für sich leistbar ermittelt haben, den Kaufpreis, die Kaufnebenkosten und die Sanierungskosten.

Ein häufiger Fall werden in den kommenden Jahren Wohnimmobilien sein, deren Wärmeerzeuger getauscht werden muss. Das kann dann mit 30 000 bis 50 000 Euro zu Buche schlagen. Muss absehbar das Dach neu gedeckt und gedämmt werden, dann entstehen Sanierungskosten in einer Größenordnung von 100 bis 300 Euro pro Quadratmeter Dachfläche. Ist auch der Dachstuhl fällig, werden es schnell 500 Euro pro

Quadratmeter. Und dann fordern einige Bundesländer bei einer umfassenden Dacherneuerung eine PV-Anlage. Die kostet 15 000 bis 25 000 Euro. Die Beispiele zeigen: Die Sanierungskosten hängen so stark vom individuellen Objekt ab, dass es keine allgemein gültige Faustregel geben kann. Bei Sanierungsobjekten verlagert sich daher ein Großteil der Finanzplanung auf den Zeitpunkt, wenn Sie Ihr Wunschhaus gefunden haben. Dann brauchen Sie ein Gutachten oder das Sanierungskonzept einer Energieberatung, um die Gesamtkosten und damit ihren Finanzierungsbedarf zu beziffern. In einer solchen Konstellation kommen meist noch Fördermittel hinzu. Mehr dazu erfahren Sie im Abschnitt „Förderkredite und andere Darlehen", ab S. 62 .

Nichtsdestotrotz brauchen auch all jene Kaufinteressierten, die eine sanierungsbedürftige Immobilie ins Auge fassen, für ihre Suche einen Preisrahmen. Ihnen bleibt nichts anderes übrig, als sich zunächst damit zu behelfen, das Ausmaß der Sanierung zu definieren, die sie bereit sind, in Angriff zu nehmen. Wer beispielsweise nur kleinere Maßnahmen umsetzen möchte, kann dafür 20 Prozent des Kaufpreises einplanen. Wer sich vorstellen kann, eine Komplettsanierung durchzuführen, sollte eher 50 Prozent des Kaufpreises vorsehen.

Anhand der drei Beispiele in der rechten Spalte sehen Sie die Dimensionen, über die wir reden. Sie sind nur zur Orientierung gedacht und vernachlässigen beispielsweise, dass die Kaufnebenkosten immer nur auf den Kaufpreis, nicht jedoch auf die Sanierungskosten fällig werden.

Drei Beispiele

Sie wollen in Bayern ein bezugsfertiges Einfamilienhaus erwerben und können Eigenkapital in Höhe von 80 000 Euro flüssig machen. Damit können Sie Gesamtkosten in Höhe von 320 000 Euro tragen (80 000 Euro geteilt durch 0,25). Die Kaufnebenkosten bestehen aus 3,5 Prozent Grunderwerbsteuer plus 3,57 Prozent Maklergebühr plus 2 Prozent Gebühren für Notarin und Grundbuch, also insgesamt 9,07 Prozent.
Ihr maximaler Kaufpreis beträgt dann

320 000 Euro : (1 + 0,0907) =
293 389,57 Euro

Sie wollen in Bayern ein Einfamilienhaus erwerben, in dem zeitnah die Heizung erneuert werden muss. An Ihren realistisch bezahlbaren Gesamtkosten in Höhe von 320 000 Euro ändert sich bei gleichem Eigenkapital (80 000 Euro) nichts. Auch der prozentuale Anteil der Nebenkosten am Kaufpreis beläuft sich unverändert auf 9,07 Prozent. Bei der Berechnung des tragbaren Kaufpreises müssen Sie jedoch die Sanierungskosten für die Heizungserneuerung im Blick haben. Wenn wir davon ausgehen, dass diese bei 30 000 Euro liegen, sieht die Rechnung so aus:

320 000 Euro : (1 + 0,0907) – 30 000 Euro =
263 389,57 Euro

Sie wollen in Bayern ein Einfamilienhaus erwerben, bei dem eine Komplettsanierung erforderlich ist. Nehmen wir an, dass Sie dafür einen Puffer in Höhe von 50 Prozent des Kaufpreises vorhalten wollen.
Dann gestaltet sich die Rechnung so:

293 389,57 Euro : 2 =
146 694,79 Euro

Suchstrategie

Mit der Bedarfsanalyse und dem Kassensturz sind Sie gut gewappnet, um sich gezielt auf die Suche zu machen. Dabei lohnt sich eine strategische Herangehensweise. Sie können die unterschiedlichsten Suchwege nutzen. Wichtig ist auch, dass Sie sich mit dem Immobilienmarkt vor Ort beschäftigen. Das hilft bei der Einschätzung, ob der Preis angemessen ist.

Für die Immobiliensuche gibt es zahlreiche Methoden – von Internetplattformen über Kleinanzeigen bis zur Maklerbeauftragung und der Ersteigerung. Das eigene Vorgehen hängt unter anderem von persönlichen Vorlieben und Fähigkeiten und vom Zeithorizont ab.

Immobilienportale nutzen

Für die Suche nach einer geeigneten Wohnimmobilie ist das Internet mittlerweile der einfachste und schnellste Weg. In Portalen wie zum Beispiel immobilienscout24.de, immowelt.de, planethome.de und sogar auf kleinanzeigen.de findet sich eine Vielzahl von Verkaufsanzeigen. Sie werden von Privatpersonen, aber auch von Maklern oder von Bauträgern geschaltet. Wer die Portale zu Beginn der Suche gründlich durchforstet hat, kann sich dann auf neue Anzeigen konzentrieren. Diese sind üblicherweise entsprechend gekennzeichnet.

Der Sucheinstieg ist bei allen Portalen ähnlich gestaltet: Zunächst werden in einem groben Raster Angaben etwa zur Art der Immobilie und dem gewünschten Standort verlangt, später lässt sich die Suche mit Kriterien wie Kaufpreis, Wohnfläche und Zahl der Zimmer verfeinern. Bestimmte Haustypen wie etwa Bungalow oder Reihenhaus lassen sich ausschließen, Objektarten wie Neubauprojekte oder auch Häuser im Bau beziehungsweise in Planung ebenfalls. Ausstattungsmerkmale können ergänzt und eine Energieeffizienzklasse gewählt werden. Bei vielen Portalen ist es auch möglich, nach einer Anmeldung ein persönliches Suchprofil zu hinterlegen. Dann erhält man per E-Mail passende neue Angebote.

Erschwert wird die Suche auf Immobilienplattformen oft durch eine gewisse Unübersichtlichkeit. Ob es sich beim Anbieter um einen privaten Eigentümer, eine Maklerin oder einen Bauträger handelt, ist nicht immer auf den ersten Blick erkennbar. Und wichtige Angaben wie der Vermietungsstatus oder der Grundriss zum Downloaden sind gerne mal versteckt, unwichtige Ausstattungsmerkmale dagegen hervorgehoben.

Weitere Suchwege finden

Parallel zur Suche im Netz lassen sich mit wenig Aufwand weitere Suchmöglichkeiten nutzen: Die Immobilienanzeigen in regionalen Tageszeitungen oder Anzeigenblättern spielen zwar längst eine deutlich untergeordnete Rolle, doch vor allem ältere Verkäufer inserieren nach wie vor gern. Vor allem Interessenten für Bestandsimmobilien können hier fündig werden. Zeitungsanzeigen enthalten oft nur knappe Angaben und manchmal unverständliche, von Ort zu Ort wechselnde Kürzel. Versuchen Sie bei interessant wirkenden Annoncen, mündlich nähere Auskünfte zu erhalten. Das kann vergebliche Besichtigungen ersparen.

Suchende, die bereits in der Nähe des gewünschten Standorts leben oder dort soziale

Anknüpfungspunkte haben, können Freunde, Nachbarinnen und Bekannte informieren und vielleicht von Mund-zu-Mund-Propaganda und Empfehlungen profitieren. Erzählen Sie von Ihrer Immobiliensuche – mündlich, aber auch mit allen elektronischen Mitteln, die Sie nutzen – Facebook-Profil, Twitter, Ihre Websites und Blogs oder mit einer E-Mail an Ihren gesamten Verteiler am Suchort.

Sie können selbst im Netz oder in einer Zeitung inserieren. Allerdings lesen auf Märkten mit knappem Angebot viele Anbietende keine Suchanzeigen – sie wollen nicht nur einen Kaufinteressenten, sondern viele, und die finden sie auch so. Auf Märkten mit einem Angebotsüberhang wiederum brauchen Sie keine Suchanzeige, denn hier werden Verkaufsobjekte intensiv beworben.

Origineller und kostengünstiger sind individuelle Gesuche wie ein Aushang in dem Quartier, in das Sie ziehen möchten, am Schwarzen Brett des nächstgelegenen Supermarktes oder ein Banner am Auto. Aufmerksamkeit erzielen Sie mit einer persönlichen Note, etwa mit einem von einem Kind gezeichneten Haus, wenn Sie ein Heim für die junge Familie suchen.

UNSER RAT

Ungewöhnliche Suchwege

Immobilientausch: „Biete dies, suche jenes" – das kann auf engen Märkten interessant sein. Vielleicht kommen Sie so als junge Familie an ein Haus, das ein älteres Paar mit flügge gewordenen Kindern aufgeben will. Und das Paar nimmt die Wohnung, die Ihnen zu klein geworden ist.

Augen auf: Halten Sie auf Ihren Wegen die Augen offen nach Verkaufsschildern, leer wirkenden Häusern und Wohnungen, Baugruben und Rohbauten. Wo kein Verkäufer genannt ist, klingeln Sie, fragen Sie in der Nachbarschaft oder werfen Sie einen Brief ein.

Verwaltung: Suchen Sie eine Eigentumswohnung, lohnt eine Rundmail an örtliche Verwaltungen. Sie wissen häufig, welche Eigentümer verkaufen wollen. Bedenken Sie dabei, dass manch eine Verwaltung auch als Maklerin tätig ist.

Banken: In den Schaufenstern und Schaukästen von Banken hängen häufig Immobilienangebote, die aber zu den ortsüblichen Maklerprovisionen gehandelt werden.

Non-Profit-Anbieter: Kirchen, Stiftungen oder gemeinnützige Vereine wollen ihren teils umfangreichen Grund- und Hausbesitz sozial einsetzen. Über die Vergabe entscheidet nicht allein Ihr Portemonnaie, sondern auch Bedarf und Bedürftigkeit – etwa von großen Familien.

Zwangsversteigerung

Auch im Zuge einer Zwangsversteigerung können Privatpersonen eine Wohnimmobilie erwerben. Ein Schnäppchenpreis ist dabei möglich, aber keinesfalls garantiert. Die Nebenkosten sind in jedem Fall im Vergleich zum klassischen Immobilienkauf niedriger, da Notargebühren und Maklercourtage wegfallen. Bietende müssen allerdings diverse Risiken in Kauf nehmen und sich mit komplexen Verfahrensregeln befassen.

Kommerzielle Dienstleister bieten kostenpflichtige Versteigerungskalender an. Einzelne Versteigerungsobjekte finden sich in den gängigen Immobilienportalen. Zudem sind auf den Seiten zwangsversteigerung.de und zvg.com Suchmöglichkeiten nach Postleitzahlen eingerichtet. Mindestens sechs Wochen vor dem Termin einer Versteigung muss das zuständige Amtsgericht diesen veröffentlichen. Bei den meisten Amtsgerichten geschieht das auf der eigenen Internetseite, oft auch auf der offiziellen Webseite zvg-portal.de. Die Gerichte stellen immer Eckdaten wie den ermittelten Verkehrswert, die Anschrift und die Art des zu versteigernden Objektes zur Verfügung. Oft sind auch das vom Gericht beauftragte Verkehrswertgutachten und/oder Kontaktdaten der Gläubiger hinterlegt. Für Interessenten ist das Gutachten die wichtigste und oft die einzige Informationsquelle. Relevant sind unter anderem Grundbucheinträge und Auskünfte aus dem Baulasten- und Denkmalverzeichnis. Außerdem wird aufgeführt, ob die Immobilie unbewohnt, vermietet oder vom Eigentümer selbst genutzt ist. Im Falle der Vermietung hat der neue Eigentümer ein Sonderkündigungsrecht. Bei Selbstnutzung ist Vorsicht geboten: Schlimmstenfalls sind Sie gezwungen, nach der Versteigerung die Räumung der Immobilie in die Wege zu leiten.

Bei einer Zwangsversteigerung erwerben Käufer die Katze im Sack. Sie können Mängel genauso wenig einschätzen wie Sanierungsaufwand und -kosten. Von der Ausstattung vermitteln – wenn überhaupt – meist nur die Fotos des Gutachters einen Eindruck. Gewährleistungsansprüche gibt es nicht.

Risiken bei einer Ersteigerung einschränken

- Lassen Sie das Gutachten von einer Bauherrenberatung oder Immobiliensachverständigen prüfen.
- Eine Begehungsmöglichkeit gibt es für Bietinteressenten meist nicht. Nutzen Sie die angegebene Anschrift, um die Immobilie von außen zu besichtigen und mit Nachbarn ins Gespräch zu kommen.
- Auf den genannten Internetseiten finden Sie umfangreiche Informationen zum Ablauf des Verfahrens, auch zu Fristen und den seitens der Bietenden zu erbringenden Sicherheiten.
- Besuchen Sie am besten mehrere Versteigerungstermine, um ein Gefühl für den Ablauf zu bekommen.
- Legen Sie für sich selbst ein Höchstgebot fest – und lassen Sie sich während der Versteigerung nicht davon abbringen.

Wer den Zuschlag für ein Haus oder eine Wohnung erhält, ist ab sofort der neue Eigentümer und kann – wenn sie leer steht – noch am selben Tag einziehen. Neben den Rechten übernimmt er sofort auch alle Pflichten, die mit dem Eigentum einhergehen.

Zielgerichtetes Vorgehen

Auf welchen Wegen man die Suche nach einem Haus oder einer Eigentumswohnung angeht und wie man sie vorantreibt, ist von vielen Faktoren abhängig. Ein Paar, das in einer Eigentumswohnung oder in einer unbefristet gemieteten Immobilie lebt und Familienzuwachs plant, kann sich immer mal wieder der Haussuche widmen und darauf hoffen, irgendwann auf die genau passende Immobilie zu stoßen. Diese Herangehensweise hat allerdings mehrere Nachteile: Man muss sich immer wieder neu hineindenken. Vor allem jedoch können sich Gegebenheiten im Immobilienmarkt im Laufe der Zeit ändern – etwa das Preisniveau insgesamt oder auch die Nachfrage nach bestimmten Objekten oder einer konkreten Lage. Solche Wandlungen erkennt nur, wer sich kontinuierlich mit dem Markt befasst.

Für viele Kaufinteressierte kommt die gelegentliche Recherche auch aus praktischen Gründen nicht infrage. Wer zu einem bestimmten Stichtag aus seiner Mietwohnung raus muss und sich entschieden hat, künftig im Eigentum leben zu wollen, wird sehr konsequent Angebote scannen und auf Besichtigungstour gehen. Einer Arbeitnehmerin, die in einem halben Jahr an einen anderen Standort ihrer Firma versetzt wird, geht es ähnlich. Sie hat noch dazu das Problem, nicht vor Ort zu sein. Mit Zeitdruck im Nacken empfiehlt es sich, alle zur Verfügung stehenden Suchwege zu nutzen und selbst aktiv zu werden. Auch die Beauftragung einer Maklerin ist in einer solchen Situation eine Überlegung wert (siehe „Maklerbeauftragung“, ab S. 29).

Markt und Preisniveau erkunden

In Immobilienangeboten wird die Schokoladenseite eines Hauses gezeigt. Eventuelle Nachteile hingegen werden selten erwähnt. Und der geforderte Preis spiegelt natürlich nicht das Preisniveau des Marktes wider, sondern die Hoffnungen des Anbieters, also seine Maximalvorstellungen.

Damit Interessenten ein konkretes Angebot insgesamt und besonders den Preis realistisch bewerten können und nicht übereilt bei einem überteuerten Angebot zuschlagen, müssen sie den lokalen Markt kennen. Ihn zu erkunden kostet allerdings Zeit. Die Palette der Informationsquellen reicht von der eigenen Recherche über Online-Tools bis zur Beratung durch Maklerin und Finanzierungsexperten sowie Wertgutachten. Je mehr Quellen Sie nutzen, desto umfassender wird der Blick auf den regionalen Markt und desto realistischer können Sie die vorliegenden Angebote einschätzen.

Bei der Suche in Immobilienportalen entwickelt man nach und nach ein Gefühl dafür, in welchen Stadtteilen besonders viele Immobilien angeboten werden, welche Bauweise den Angebotsmarkt dominiert und wie der Preisrahmen aussieht. Viele Suchmaschinen bilden im Umfeld von konkreten Angeboten Preisvergleiche ab, oft allerdings nur für Bezahlkunden. Darüber hinaus betreiben viele Portale, aber auch Maklerbüros und Finanzierer kostenlose Internetseiten zur Online-Wertermittlung. Das Hauptinteresse dieser Anbieter ist die Akquise von Kunden. Die geben in einer standardisierten Abfrage einige wenige Daten zum Gebäude wie Standort, Wohnfläche und Art der Immobilie ein. Ausgereiftere Instrumente berücksichtigen weitere Kriterien wie beispielsweise bestimmte Ausstattungsmerkmale oder den Sanierungszustand. Die Interessenten erhalten als Ergebnis in aller Regel eine großzügige Preisspanne. Mit welcher Bewertungsmethode die ermittelt wurde, erfahren sie meist nicht. Auch die Aktualität und der regionale Radius des Datenmaterials sind für die Nutzenden meist nicht erkennbar. Das Ergebnis ist damit ein sehr grober Richtwert mit vergleichsweise geringer Belastbarkeit, aber zumindest eine Orientierungshilfe, die noch dazu schnell und einfach erreichbar ist.

Zahlreiche Verbände und Institute erstellen bundesweite oder auch regional aufgeschlüsselte Preisspiegel. Diese richten sich vor allem an professionelle Akteure wie Banken, Bauträger, Projektentwickler und Maklerinnen. Fast immer werden in den Preisspiegeln nur Mittelwerte oder Spannen genannt. Der Haken bei vielen dieser Übersichten – genau wie bei den Preisvergleichen in Onlineportalen und bei Online-Wertermittlungen – ist: Sie basieren meist auf Angebotsvergleichen.

An die tatsächlich erzielten Verkaufspreise heranzukommen, ist für Laien nicht ganz einfach. Zur realistischen Einordnung ist beispielsweise der Preisspiegel der Landesbausparkassen (lbs-markt-fuer-wohnimmobilien.de/inhalt/preisspiegel/) hilfreich. Dort finden Interessenten mit einer regionalen Suche nach Objektkategorien gegliederte erreichte Kaufpreisspannen. Auch der Immobilienverband Deutschland (IVD) gibt alljährlich einen – allerdings kostenpflichtigen – Wohnpreisspiegel für rund 450 Städte und Gemeinden heraus. Die Stiftung Warentest stellt unter test.de/kaufen_oder_mieten ebenfalls einen Preisvergleich für 400 Kommunen und Kreise zur Verfügung.

Eine weitere wichtige Informationsquelle sind die regionalen oder lokalen Gutachterausschüsse. Sie sammeln auf gesetzlicher Grundlage die Grundstückswerte sämtlicher Immobilienkaufverträge in ganz Deutschland. Aus diesen Daten erstellen sie zum einen Übersichten der sogenannten Bodenrichtwerte. Dabei handelt es sich um einen durchschnittlichen Lagewert für den Boden, also den mittleren Kaufpreise für Grundstücke in einem Ort oder Ortsteil. Immobilienkäufer finden in der Darstellung einen recht zuverlässigen Indikator für den ortsüblichen Baulandpreis. Für Häuslebauer ist das Gold wert. Hauskäufern hilft der Bodenrichtwert nur begrenzt weiter. Schließlich kaufen sie Boden und Haus im Paket. Immerhin erlaubt der Blick auf eine Bodenrichtwertkarte eine Einschätzung, wie das Preisniveau in einem bestimmten Wohngebiet im Vergleich zu benachbarten Stadtvierteln aussieht. Auf der Seite bodenrichtwerte-boris.de finden Verbraucher nach Eingabe einer Postleitzahl oder einer konkreten Anschrift die sie interessierenden Werte.

Differenziert – und entsprechend schwer verdaulich – sind die sogenannten Grundstücksmarktberichte, die mehrere Bundesländer sowie einige größere Städte kostenlos veröffentlichen. Sie basieren auf Verkaufspreisen, die von den Gutachterausschüssen gemeldet werden. Die Reports bestechen durch ihre umfassende, auf real getätigten Verkäufen basierende Grundlage – nicht nur für Grundstücke, sondern auch für Einfamilienhäuser und Eigentumswohnungen. Das Preisniveau ortsüblicher Immobilien ist mit diesem Instrument gut ermittelbar, ein angemessener Preis für ein außergewöhnliches Gebäude oder Grundstück jedoch nicht. Und: Die Berichte werden zumeist jährlich, manchmal sogar in noch größeren Zeitabständen erstellt. Sie hinken der Marktentwicklung also teils um mehrere Monate hinterher.

Kompromisse einplanen

Wenn Sie sich einen ersten Überblick in Immobilienportalen verschafft und die Marktpreise vor Ort kennengelernt haben, stellen Sie womöglich fest: Was Sie sich wünschen, gibt es auf dem Markt nicht. Oder die entsprechenden Angebote sind zu teuer für Sie. Das ist der richtige Moment, um Anforderungen zu reduzieren und damit den Preis deutlich senken, ohne dass viel Wohnqualität verloren geht. Hilfreich ist, sich in einem frühen Stadium der Suche zu überlegen, an welchen Stellen Sie Kompromisse machen können.

Nehmen Sie noch einmal das Formular „Bedarfsanalyse" zur Hand. Im Raumprogramm können sie vielleicht Abstriche bei der Größe einzelner Räume machen, sodass sich die Wohnfläche insgesamt verringert. Oder sie hinterfragen die Nutzung einzelner Räume. Vielleicht kann der Computer im Wohnzimmer Platz finden, sodass ein eigenes Arbeitszimmer verzichtbar ist. Dann geht es ans Gebäude. So spart beispielsweise der Wechsel vom frei stehenden Wunschhaus zum Doppel- oder Reihenhaus oft viele Kosten. Weniger empfehlenswert ist dagegen, statt einem Reihenhaus nun eine Eigentumswohnung anzuvisieren. Damit würden Sie nicht nur auf privates Grün verzichten, Sie müssten zudem oft den Suchradius anpassen. Bei der Ausstattung bietet sich Verzicht dort an, wo man bisher von Luxus geträumt hat – etwa beim Kaminofen. Wer hingegen beim technischen oder energetischen Standard zurücksteckt, nimmt schnelleren Verschleiß, höhere Betriebskosten und kostenaufwendige Sanierungen in Kauf. Auch bei der Lage sind oft Kompromisse möglich: Vielleicht kommt auch ein günstigerer benachbarter Stadtteil oder eine Immobilie in der zweiten Reihe infrage. Allerdings müssen Sie bedenken, dass sich eine Standortveränderung auch auf die Verkehrsanbindung, künftige Wege und Ihre Kosten auswirkt.

Der letzte Blick gilt dem verfügbaren Budget. Unter Umständen bergen regelmäßige Ausgaben oder auch große Kostenbrocken wie Auto, Urlaub oder neue Möbel Einsparpotenziale. Oder die Aufwendungen für Versicherungs- und Sparpläne können reduziert werden, weil die Immobilie als zusätzlicher Vorsorge-Baustein hinzukommt.

Bevor Sie Ihr Immobilienprojekt beerdigen, sollten Sie über einen Aufschub nachdenken und die kommenden Monate nutzen, um mehr Eigenkapital zu bilden.

Maklerbeauftragung

Beim Hauskauf kommt in vielen Fällen eine Immobilienmaklerin mit ins Spiel. Oft wird sie vom bisherigen Eigentümer beauftragt. Aber auch für Kaufinteressierte kann eine solche Dienstleistung hilfreich sein.

Für Verkäufer hat die Beauftragung einer Maklerin viele Vorteile: Dank ihrer Erfahrung und Marktkenntnis kann sie den realistisch erzielbaren Verkaufspreis einschätzen. Je nach Inhalt des Auftrags kümmert sich die Maklerin um die Aufbereitung der Unterlagen und die Vermarktung des Objektes, organisiert Besichtigungen und hilft dabei, den besten Käufer zu finden.

Käufer hingegen würden sich die Maklerin oft gern sparen, wenn sie ein geeignetes Kaufobjekt für sich entdeckt haben. Wer jedoch sein Traumhaus über eine Maklerin gefunden hat, die vom Verkäufer beauftragt wurde und etwa auf einer Immobilienplattform ein Angebot eingestellt hat, muss in aller Regel einen Teil der Courtage bezahlen (siehe unten). Allerdings können Kaufinteressierte auch von der Expertise der Maklerin profitieren. Zum einen sorgt sie dafür, dass alle für das Haus oder die Wohnung relevanten Unterlagen in übersichtlicher Form vorliegen. Zum anderen hat sie vor der Veröffentlichung eines Angebots an der Festlegung des angestrebten Preises mitgewirkt. Sie wird dem Verkäufer zu einem einigermaßen realistischen Rahmen geraten haben. Schließlich will die Dienstleisterin die Immobilie verkaufen und nicht über Monate einen Ladenhüter betreuen. Im Gespräch mit der Maklerin können Kaufinteressierte hinterfragen, wie ihre Werteinschätzung zustande kam. So erfährt man zugleich einiges über den aktuellen Markt vor Ort und über die Immobilie, was nicht im Exposé steht. Eine wichtige Information ist beispielsweise, wie lange das Haus bereits auf dem Markt ist.

Suche im Auftrag des Käufers

Wer weit weg vom künftigen Wohnort lebt oder aus anderen Gründen nicht selbst suchen kann, für den kann es eine wertvolle Hilfe sein, ein Maklerbüro mit der Suche zu beauftragen. Dienstleister vor Ort sind über die Gelben Seiten oder den Branchenverband ivd (https://ivd.net) zu finden. Einen ersten Eindruck vermitteln die Webseiten der Maklerinnen. Je mehr passende, erst recht je mehr exklusive Angebote eine Vermittlerin dort anbietet, desto größer ist die Chance, dass sie auch für Sie etwas findet. Hinweise auf die Qualität eines Maklerbüros können auch das Alter oder Aktivitäten wie die Herausgabe lokaler Marktberichte sein.

Recht auf korrekte Information

Makler müssen Interessenten korrekt informieren und dürfen nicht lügen. Wenn sie erhebliche Mängel der Immobilien kennen, müssen sie diese offenbaren. Ansonsten haften sie auf Schadenersatz. Das hat das Hanseatische Oberlandesgericht in Hamburg entschieden (Az 13 U 27/19). Allerdings sind Makler nicht verpflichtet, Informationen, die sie vom Verkäufer der Immobilie erhalten haben, zu überprüfen, so ein Urteil des Bundesgerichtshofs (Az III ZR 146/06).

Wenn ein Eigentümer eine Maklerin einsetzt, gibt es unterschiedliche Arten von Verträgen – den allgemeinen Maklerauftrag, den Makleralleinauftrag und den qualifizierten Alleinauftrag. Eine solche Differenzierung

AUSFÜLLHINWEIS

Formular D: Makler-Suchauftrag

Die meisten Maklerbüros haben ein eigenes Formular für den Suchauftrag entwickelt. Das beinhaltet neben Angaben zu Auftraggeber und Auftragnehmer auch Details zur gewünschten Immobilie. Je differenzierter diese Angaben sind, umso zielgenauer werden die Vorschläge der Maklerin Ihre Wünsche treffen. Bei sehr allgemein gehaltenen Formularen bieten sich Ergänzungen an. Nutzen Sie als Orientierungshilfe, welche Aspekte wichtig sein können, unser Formular. Bestandteil des Suchauftrags muss immer auch eine Widerrufsbelehrung sein.

gibt es bei der Verpflichtung durch einen Kaufinteressenten nicht. Grundlage ist hier der Suchauftrag. Sofern der sich auf ein Einfamilienhaus oder eine Wohnung bezieht, ist immer die Textform erforderlich. Das schreibt das 2020 in Kraft getretene „Gesetz über die Verteilung der Maklerkosten bei der Vermittlung von Kaufverträgen über Wohnungen und Einfamilienhäuser" vor. Im Unterschied zur Schriftform, bei der die Vertragspartner handschriftlich unterschreiben müssen, genügt also eine E-Mail, SMS oder WhatsApp. Eine mündliche Absprache oder ein Handschlag hingegen reicht nicht aus.

Maklerkosten und ihre Aufteilung

Erst wenn ein wirksamer Kaufvertrag abgeschlossen wurde, dessen Ursache die Maklertätigkeit war, hat der Dienstleister Anspruch auf sein Honorar. Die Maklerprovision – oft auch Maklercourtage oder -gebühr genannt – ist grundsätzlich frei verhandelbar. Seit Inkrafttreten des erwähnten Gesetzes Ende 2020 sollen sich Käufer und Verkäufer die Kosten in der Regel teilen. Details dazu sind in § 656 c, d BGB verankert. Für die Verteilung der Kosten gibt das Gesetz vier Möglichkeiten.

1 Doppelprovision: Der Verkäufer schließt mit der Maklerin einen Vertrag. Er gestattet ihm darin, auch für den potenziellen Käufer tätig zu werden. Verkäufer und Maklerin zahlen die Provision zu gleichen Teilen. Kommt es zum Kaufvertrag, erhalten Verkäufer und Käufer eine Rechnung, die sofort fällig wird.

2 Einseitige Interessenvertretung mit Provisionsteilung: Der Verkäufer schließt mit der Maklerin einen Maklervertrag, wobei die Maklerin nur die Interessen des Verkäufers vertreten soll. Der Verkäufer darf höchstens 50 Prozent der Provision auf den Käufer abwälzen. Der Käufer muss erst zahlen, nachdem der Verkäufer seine eigene Zahlung nachgewiesen hat.

3 Einseitige Interessenvertretung ohne Provisionsteilung: Der Verkäufer schließt mit der Maklerin einen Maklervertrag, wobei die Maklerin nur die Interessen des Verkäufers vertreten soll. Die Provision zahlt allein der Verkäufer.

4 Einseitige Interessenvertretung zugunsten des Käufers: Ein potenzieller Käufer beauftragt eine Maklerin mit der Suche nach einem passenden Objekt. Kommt ein Kaufvertrag zustande, zahlt allein der Käufer die Provision. Voraussetzung ist, dass der Maklerin das Objekt nicht bereits vor Erhalt der Suchanfrage an die Hand gegeben wurde.

Offizielle Statistiken zur durchschnittlichen Gesamtprovision gibt es nicht. Nach übereinstimmenden Angaben von Immobilienportalen und diversen Maklerseiten beläuft sie sich auf 7,14 Prozent. Danach beträgt die Käuferprovision im Schnitt 3,57 Prozent (Stand: Dezember 2024).

Immobilien vom Bauträger

Wer einen Neubau sucht, landet des Öfteren bei einem Bauträger. Er bietet Grundstück, Planung und Haus aus einer Hand. Das hat einige Vorteile, aber auch Tücken.

Vor allem in Städten und Ballungsräumen sind Bauträger die häufigsten Anbieter von Neubauten. Sie übernehmen oft große Areale oder Filetstücke und bebauen diese üblicherweise mit mehreren Gebäuden. Neue Reihenhäuser können fast nur von Bauträgern erworben werden, Mehrfamilienhäuser mit Eigentumswohnungen ebenfalls. Wer einen solchen Neubau anvisiert, sollte sich jedoch im Vorfeld mit den Besonderheiten dieses Konzepts befassen.

Vor- und Nachteile

Als Kunde eines Bauträgers planen Sie Ihr Haus nicht selbst auf Ihrem eigenen Grundstück, sondern Sie kaufen ein fertig entworfenes Produkt im Paket mit dem Grundstück. Wir konzentrieren uns in diesem Ratgeber daher auf solche Bauträger-Immobilien.

Zu dem Zeitpunkt, zu dem Sie von einem infrage kommenden Haus eines Bauträgers erfahren, kann der Bau unterschiedlich weit fortgeschritten sein. Das Gebäude kann geplant, im Bau befindlich oder gerade fertiggestellt sein. Die Gestaltungs- und Eingriffsmöglichkeiten der Kunden sind dabei umso begrenzter, je weiter das Projekt gediehen ist. Individuelle Vorstellungen erfüllen manche Unternehmen gar nicht, andere realisieren Sonderwünsche gegen einen Aufschlag, der dann entsprechend hoch ausfällt.

Egal, in welchem Baustadium sich die Immobilie zum Zeitpunkt des Erstkontakts befindet – Kunden erwerben ein Paket aus Haus und Grund und haben für alles nur einen Ansprechpartner. Das wirkt erstmal bequem und sicher und kann ein Objekt günstiger, aber auch teurer machen als bei individueller Planung und Erstellung. Einerseits hat der Bauträger als Großnachfrager nach Boden und Bauleistungen Kostenvorteile, die er auf umkämpften Märkten an Sie weitergeben kann. Andererseits hat er hohen Planungs- und Organisationsaufwand, Vermarktungskosten, Risiken und Gewinnansprüche. Das schlägt sich ebenfalls in seinen Angebotspreisen nieder. Zu beachten ist auch: Grundlage für die Berechnung der Kaufnebenkosten wie Grunderwerbsteuer, Notargebühren und gegebenenfalls Makler ist der Gesamtpreis für Grundstück und Haus. Höchst problematisch wird der Kauf vom Bauträger, wenn dieser Insolvenz anmeldet. Dann steht das Projekt still. Ein anderer Bauträger setzt es häufig mit Verzögerung und gegen Aufpreis fort.

Den richtigen Bauträger finden

Beim privaten Hausbau suchen sich Bauherren eine Architektin, einen Generalunternehmer oder auch eine Typenhausfirma. Beim Kauf von einem Bauträger sieht der Ablauf in aller Regel so aus: Käufer erfahren vom Angebot eines bestimmten Bauträgers, weil der ein Projekt oder auch ein Wohngebiet bewirbt – in einem Immobilienportal, auf einer Fachmesse oder in einem Hauskatalog. Oder: Wer bereits gezielt in einer Stadt oder gar einem Kiez sucht und durch die Straßen wandert, entdeckt eine Baustelle und findet auf dem Bauschild die Kontaktdaten des Bauträgers. Wenn ein Bauträger-Vorhaben gefällt, haben Kunden nicht die Auswahl zwischen mehreren Unternehmen. Sie können nur entscheiden, ob der konkrete Bauträger für sie infrage kommt oder nicht.

UNSER RAT

Expertenbegleitung

Der Kauf vom Bauträger ist eine komplexe Angelegenheit. Wenn dieser Weg für Sie infrage kommt, sollten Sie frühzeitig einen fachkundigen Begleiter an Ihre Seite holen. Ein auf Baurecht spezialisierter Anwalt kann die Baubeschreibung, die Allgemeinen Geschäftsbedingungen und den Bauträgervertrag prüfen. Wenn es dann ans Bauen geht, engagieren Sie eine Expertin, die regelmäßig auf die Baustelle geht und wichtige Arbeiten für Sie begutachtet. Beim Bauherren-Schutzbund (bsb-ev.de) oder dem Verband Privater Bauherren (vpb.de) finden Sie Unterstützung.

Dabei lohnt es sich angesichts des Investitionsvolumens, genau hinzuschauen. Unter Bauträgern gibt es Unternehmen mit hundertjähriger Tradition und hohem Qualitätsbewusstsein, aber auch schwarze Schafe. Auf ein paar Qualitätszeichen sollten Sie unbedingt Wert legen: Ein Bauträger benötigt immer eine Gewerbeerlaubnis nach Paragraph 34c Gewerbeordnung. Die muss er auf Verlangen auch vorweisen können. Oft findet sich ein Hinweis auf die Gewerbeerlaubnis im Impressum des Internetauftritts. Broschüren, Exposés oder die Webseite eines Unternehmens geben Auskunft über die Rechtsform und das Alter der Firma, den Umfang der Erfahrungen im Haus- beziehungsweise Wohnungsbau und die Kompetenz des Teams. Mit einer Internetsuche lassen sich Skandale oder Pleiten finden. Ein wichtiges Indiz für Qualität sind Referenzen. Dazu gehören die Darstellung von gelungenen Objekten, Kundenstimmen und Bewertungen im Internet. Doch Vorsicht: Bei auffallend negativen Aussagen oder besonders wortreichem Lob sollten Sie versuchen, die Quelle zu prüfen. Die Bewertung könnte von einem Konkurrenten oder auch von einer vom Bauträger beauftragten Person stammen. Informationen über die wirtschaftliche Lage des Bauträgers enthält das Unternehmensregister des elektronischen Bundesanzeigers (unternehmensregister.de). Kostenpflichtige Alternativen sind die Wirtschaftsauskünfte von Schufa, Creditreform oder einem vergleichbaren Unternehmen. Mitglieder von Eigentümer- oder Bauherrenverbänden können sich dort über den Ruf des zur Wahl stehenden Bauträgers erkundigen. Im persönlichen Kontakt zeigt sich schnell, ob eine Firma gut erreichbar und angenehm im Umgang ist und konstruktiv auf Fragen und Wünsche eingeht. Gute Bauträger sind bereit, ihre Arbeit von neutralen Dritten – etwa einer vom Käufer beauftragten Baubegleiterin – überprüfen zu lassen, und bieten eine Fertigstellungsgarantie, Bürgschaften oder Versicherungen, um den Kunden abzusichern. Im Idealfall ist der Bauträger bereit, eine Bonitätsauskunft seiner Bank vorzulegen. Den Standard des Hausbaus können Interessierte – am besten gemeinsam mit einer Bauberaterin – in einem Referenzobjekt unter die Lupe nehmen. Manch ein Bauträger führt eine Liste mit aktuellen Projekten. Falls ein solches Musterhaus bewohnt ist, können Interessierte mit den Besitzern über ihre Erfahrungen sprechen.

Auch in rechtlicher Hinsicht unterscheidet sich der Kauf vom Bauträger erheblich vom Erwerb von einem privaten Eigentümer. Seit 2018 ist im Gesetz klar geregelt, wie ein Bauträgervertrag auszusehen hat. Auch die Verbraucherrechte sind seither deutlich besser geschützt als früher. Mehr dazu lesen Sie im Kapitel „Kaufvertrag", ab S. 74. Ausführliche Informationen und viele praktische Hinweise zum Kauf von einem Bauträger finden Sie auch im Stiftung-Warentest-Ratgeber „Handbuch Eigentumswohnung".

Prüfen und besichtigen

Bei Ihrer Suche nach einer Immobilie werden Sie zahlreiche Angebote finden. Mit den Checklisten für Wohnung, Gebäude und Standort können Sie eine Vorauswahl an Immobilien treffen, die Sie besichtigen. Erscheint ein Objekt dann weiterhin interessant, müssen Sie das Grundbuch und weitere wichtige Unterlagen prüfen. Unter Umständen – etwa, wenn eine Sanierung ansteht – ist auch dazu fachlicher Rat gefragt.

Vorauswahl

Hausbesichtigungen sind spannend, können aber spätestens bei längerer Suche viel Zeit in Anspruch nehmen. Anhand von Exposé, Umgebungscheck und ergänzenden Unterlagen wie Energieausweis oder Grundbuchauszug können Sie eine Vorauswahl treffen. Für die verbleibenden Objekte sammeln Sie dabei zugleich Argumente für die Preisverhandlung.

Die systematische Vorauswahl von Angeboten, die man per Internet, von Maklern oder Anzeigen erhält, beginnt mit der Frage „Erfüllt die angebotene Immobilie meine Bedürfnisse und Wünsche?". Die Zimmerzahl stimmt nicht, die Lage erweist sich als ungünstig, der Preis ist viel zu hoch – um das zu erkennen, ist in aller Regel keine Besichtigung notwendig. Schon anhand der Unterlagen können Sie meist die Spreu vom Weizen trennen. Nehmen Sie sich ausreichend Zeit, die zur Verfügung gestellten Dokumente gründlich zu lesen und eventuell weitere Informationen zu sammeln.

Gebäude

In einer sorgsam verfassten Verkaufsanzeige auf einer Immobilienplattform und erst recht im Exposé einer Maklerin finden sich üblicherweise die wichtigsten Rahmendaten zu der zum Verkauf stehenden Immobilie. Dazu gehören neben der Objektart (frei stehendes Haus, Reihenhaus oder Eigentumswohnung etc.) sowie der Wohn- und Grundstücksfläche die Zahl der Wohn-, Nutz- und Nebenräume, das Baujahr und die Kaufpreisvorstellung des Eigentümers. Bei Neubauten ist der aktuelle Status des Projektes wichtig – ist es geplant, bereits genehmigt, im Bau oder bezugsfertig? Bei einem Bestandsgebäude müssen Sie wissen, ob es vermietet ist oder nicht. Oft ist in Annoncen keine konkrete Anschrift genannt. Doch zumindest die grobe Lage sollte erkennbar sein. Gang und gäbe sind Innen- und Außenfotos sowie Stichworte zur Umgebung und zum Erhaltungszustand.

Auch ein Grundriss ist für die Vorauswahl unverzichtbar. Diese maßstabsgerechte Zeichnung aller Geschosse mag für Laien auf den ersten Blick abstrakt wirken. Doch es lohnt sich, genau hinzuschauen. Im Grundriss erkennen Sie weit mehr als die Größe, den Schnitt und die Anordnung der einzelnen Räume im Haus oder in der Wohnung. Sie sehen zum Beispiel, ob die Wege im Haus lang oder kurz sind, ob aufgrund vieler und verwinkelter Außenwände ein hoher Heiz-Aufwand droht oder ob sämtliche Wände im Wohnzimmer durch Fenster und Türen unterbrochen sind, sodass nirgends ausreichend Platz für die neu angeschaffte Couch-Kombination bleibt.

Wenn die Darstellung im Angebot oder Exposé lückenhaft ist und der Grundriss alt wirkt oder gar von Hand gefertigt wurde, ist das noch nicht zwingend ein K.-o.-Kriterium. Vielleicht handelt es sich um einen privaten Anbieter, der vorher noch nie ein Objekt verkauft oder auch keine Erfahrung mit der ansprechenden Präsentation von Informationen hat. In einem ersten unverbindlichen Telefonat können Sie versuchen, fehlende Auskünfte einzuholen. Vergessen Sie nicht, diese im Anschluss in das Formular „Exposé und Grundriss prüfen" einzufügen. Falls sich nicht alle Fragen im Vorfeld klären lassen und Sie weiterhin Interesse an der Immobilie haben, sollten Sie notieren, was noch fehlt, um diese Informationen bei der Besichtigung beim Verkäufer, der Maklerin oder dem Bauträger abfragen zu können.

Wohnumfeld

Gerade am Anfang der Suche, wenn man noch wenig vertraut ist mit Stadtvierteln oder gar Straßennamen, erfordert die Bewertung des Standortes meist ein wenig Aufwand. Das gilt vor allem, wenn man bislang in einer anderen Stadt wohnt. Die Lage ist jedoch genauso wichtig wie das Objekt selbst. Im Idealfall begutachten Sie den Standort, bereits bevor Sie eine Besichtigung vereinbaren. Das kann manch einen Termin überflüssig machen. Der Umfeld-Check erfordert gründliche Recherche und aufmerksame Spaziergänge durch das Quartier.

Ein Blick auf die Karte hilft dabei, die Lagequalitäten zu beurteilen. Wie liegt das Objekt im Stadt- oder Dorfraum? Versuchen Sie, künftige Wege und Transportzeiten abzuschätzen: Wie weit ist es zur Arbeit und zur Kita, zu Freunden, zum Spielplatz und zum Supermarkt? Welche öffentlichen Verkehrsmittel gibt es in der Nähe? Welche Belastungen der Umgebung zeigt schon der Plan oder das Google-Luftbild – große Straßen, Bahnlinien, Gewerbe, nahe Flughäfen oder vielleicht Wohntürme in unmittelbarer Nachbarschaft?

Besser als die Karten-Recherche ist es natürlich, sich vor Ort einen Eindruck zu verschaffen. Fotos von Eigentümer und Maklerin präsentieren gerne und meist auch ausgiebig die schönste Seite eines Gebäudes und die Vorzüge seiner Umgebung. Wenn Sie sich an einem sonnigen Sonntagvormittag umschauen, kann es gut sein, dass Sie dieses Bild bestätigt finden. Am frühen Abend eines trüben Werktags mit viel Berufsverkehr auf der Durchgangsstraße hinter dem Grundstück ist der Eindruck unter Umständen ein ganz anderer. Sobald Sie ernsthaft Interesse an einem Haus haben, sollten Sie daher mehrfach hinfahren und bei der Gelegenheit vielleicht auch gleich einen typischen Arbeitsweg testen. Nehmen Sie sich Zeit, um die Nachbarschaft zu Fuß zu erkunden. Man sieht mehr, kommt mit Leuten ins Gespräch und stellt sich oft genug selbst neue Fragen. Gleich drei Sinne sollten aktiviert sein:

→ **das Auge** für Schönes und Hässliches, für die Dichte der Menschenströme sowie für die Kindergärten, Schulen, Arztpraxen und Freizeiteinrichtungen in der Umgebung

AUSFÜLLHINWEIS

Formular E: Exposé und Grundriss prüfen

Unsere Checkliste hilft Ihnen beim Lesen und dient als Orientierungshilfe, welche Punkte Sie beachten sollten. Am besten machen Sie sich von diesem Formular Kopien, sodass Sie für jede Immobilie eine Checkliste ausfüllen können. Nehmen Sie dann Ihre Bedarfsanalyse aus Formular A zur Hand und vergleichen Sie die darin festgehaltenen Wünsche und Bedürfnisse mit dem Angebot. Betrachten Sie dabei immer Exposé und Grundriss im Zusammenhang. Ein Beispiel: Es kann vorkommen, dass die im Exposé genannte Zahl der Räume nicht den Bedürfnissen entspricht, die Sie in der Bedarfsanalyse formuliert haben. Doch möglicherweise zeigt der Blick auf den Grundriss, dass sich ein sehr großer Raum durch eine Zwischenwand oder Einbauten teilen lässt. Falls die Raumanzahl der einzige Aspekt ist, der bei dieser Immobilie nicht passt, sollten Sie sie zumindest nicht ohne weitere Prüfung beiseitelegen.

AUSFÜLLHINWEIS

Formular F: Umfeld-Check

Beim Umfeld-Check geht es einerseits um einen ersten Eindruck der direkten Nachbarschaft, andererseits aber auch um die Infrastruktur vor Ort. Unser Formular greift die Aspekte auf, mit denen Sie sich im Zuge der Bedarfsanalyse befasst haben. Nutzen Sie für jede Immobilie ein leeres Formular. Nach dem Ausfüllen können Sie den Umfeld-Check bequem mit Ihrem Standortprofil aus Formular A „Bedarfsanalyse" vergleichen. Falls es eklatante Abweichungen gibt, können Sie die Immobilie schon vor der Besichtigung ausschließen.

➔ **das Ohr** für Vogelzwitschern und Verkehrslärm, für Geräusche von Gewerbe, Sportplätzen, Bier- und Kindergärten und für die Gespräche von Nachbarn

➔ **die Nase** für Blütenduft und Industrie, für Autoabgase und Kerosin, sumpfige und faulige Gewässer, für Wurstbuden-Mief und Caféhaus-Duft.

Auf diese Weise können Sie natürlich nur den heutigen Charakter eines Wohnviertels beurteilen. Schwieriger ist der Blick in die Zukunft. Jedes Quartier kann sich verändern – zum Guten oder Schlechten. Freie Grundstücke in der Nähe können bald bebaut werden. Warnzeichen sind zum Beispiel Plakate, die gegen Projekte protestieren, oder erkennbare freigehaltene Trassen für Straßen oder Bahnlinien. Wenn Sie solche Anzeichen sehen, können Sie versuchen, in der Zeitung oder im Netz Informationen zu Projekten zu finden. Auch die Recherche im Bauamt der Kommune kann hilfreich sein. Die ist auf jeden Fall immer empfehlenswert, wenn sich eine Immobilie nicht in einem reinen Wohngebiet befindet.

Ergeben Kartenrecherche und/oder Begehungen, dass eine Gegend deutlich konträr zu Ihren Wunschvorstellungen ist und bleibt oder absehbar wird, können Sie sich die Besichtigung sparen. Voraussetzung für diese Vorgehensweise ist allerdings, dass Sie die genaue Adresse kennen. Manch ein Verkäufer oder manche Maklerin ist jedoch nicht bereit, diese zu veröffentlichen. Dann bleibt nur der Weg, Besichtigung und Umfelderkundung zusammen anzugehen.

Energetischer Standard

Die energetische Qualität des Gebäudes und der eigenen Wohnung bestimmt die Höhe der künftigen Betriebs-, aber auch Sanierungskosten und eventuelle -pflichten. Je mehr Sie vor dem Kauf darüber wissen, umso besser. Schon bei der Vorauswahl kann dieser Faktor entscheiden.

Einen Überblick über den energetischen Standard des Gebäudes liefert der Energieausweis. Dieser standardisierte Steckbrief für Wohngebäude beinhaltet verschiedene Kennziffern zum Energiebedarf oder -verbrauch und den daraus resultierenden Treibhausgasemissionen. Er bezieht sich bei reinen Wohngebäuden immer auf das gesamte Haus, nicht auf die einzelne Wohnung. In gemischt genutzten Gebäuden gibt das Dokument nur für die Wohnbereiche Auskunft. Ein Energieausweis ist zehn Jahre lang gültig.

Das Gebäudeenergiegesetz (GEG) schreibt vor, dass Interessierten bei Verkauf oder Übertragung eines Erbbaurechts, bei Vermietung oder Leasing eines Wohngebäudes ein Energieausweis vorgelegt werden muss, und zwar spätestens bei der Besichtigung. Im Wohnungseigentum gilt diese Pflicht für den Verkauf jeder einzelnen Wohneinheit. Für denkmalgeschützte Gebäude und Häuser in einem denkmalgeschützten Ensemble greift die gesetzliche Energieausweis-Pflicht nicht. Wer sich für den Kauf eines Baudenkmals interessiert, muss die Informationen zum energetischen Standard also aus an-

UNSER RAT

Unterlagen richtig lesen: Der Energieausweis

Seite 1: Hier finden Sie allgemeine Daten zum Gebäude, Informationen zu Energieträgern und dazu, ob es sich um einen Bedarfs- oder einen Verbrauchsausweis handelt

Seite 2/3: Hier stehen die relevanten energetischen Kennwerte des Gebäudes. Beim Bedarfsausweis ist Seite 2 ausgefüllt und Seite 3 leer, bei einem Verbrauchsausweis ist Seite 2 leer und Seite 3 ausgefüllt.

Ganz oben stehen die Treibhausgasemissionen des Hauses in Kilogramm CO-Äquivalenten pro Quadratmeter und Jahr (kg CO_2-Äquivalent/(m^2a). Darunter finden sich Informationen zum energetischen Standard: Der Energiebedarf bzw. -verbrauch des Gebäudes ist im oberen Teil von Seite 2 bzw. Seite 3 in Kilowattstunden pro Quadratmeter und Jahr – abgekürzt: kWh/(m^2a) – genannt. Dabei werden immer zwei Kennwerte genannt: Der Endenergiewert beziffert die Energiemenge, die im Gebäude für Heizung, Warmwasserbereitung, Kühlung und Lüftung benötigt wird. Der Primärenergiewert bildet darüber hinaus die gesamte fossile Energiemenge ab, inklusive Verluste, die für Abbau, Lieferung und Verarbeitung der jeweils eingesetzten Energieträger aufgewendet wurde. Beide Werte sind mit einem Pfeil in einem Farbbalken markiert. Dieser verläuft von Grün (links) über Gelb nach Rot und ist in gleich große Segmente gegliedert. Sie sind mit Zahlen von 0 (links) bis >250 beschriftet. In neueren Energieausweisen sind auf dem Farbbalken auch die Energieeffizienzklassen für Gebäude von A+ (grün) bis H (rot) gekennzeichnet. Die Klasse des Hauses ist groß hervorgehoben.

Ebenfalls nur in neueren Ausweisen gibt es eine Rubrik zur Nutzung erneuerbarer Energien und ihrem Deckungsanteil.

Vergleichswerte für die Endenergie ermöglichen die Einordnung des Hauses in den Gebäudebestand.

Seite 4: Hier hat die Person, die den Ausweis ausgestellt hat, in knapper Form kostengünstige Vorschläge zur Verbesserung der energetischen Eigenschaften des Gebäudes eingetragen.

Seite 5: Den Abschluss bilden Erläuterungen zum Berechnungsverfahren.

deren Quellen wie etwa Verbrauchsabrechnungen zusammensuchen.

Bereits in der Immobilienanzeige müssen die wesentlichen Kennwerte aus dem Energieausweis genannt sein. Da der energetische Standard bei der Bewertung von Immobilien in den vergangenen Jahren enorm an Bedeutung gewonnen hat, nutzen Eigentümer von sanierten Gebäuden die Energieeffizienz auch gerne als Verkaufsargument und fügen der Annonce oder dem Exposé den Energieausweis bei. Falls das bei einem Angebot von Interesse nicht der Fall ist, sollten Sie gezielt nachfragen.

Es gibt zwei Arten von Energieausweisen. Sie unterscheiden sich in der Art und Weise der Ermittlung der Energiekennwerte:

➜ Ein **Verbrauchsausweis** basiert auf dem mittleren Heizenergieverbrauch der letzten drei Jahre. Der wird beispielsweise anhand der Abrechnungen von Heiz- und Warmwasserkosten festgestellt. Die damit bezifferte Energieeffizienz des Gebäudes hängt also maßgeblich von seinen Bewohnern ab.

➜ Für einen **Bedarfsausweis** wird der Energiebedarf des Gebäudes mittels zahlreicher Parameter wie Wohnungszahl,

Bauweise der Gebäudehülle und Standort sowie normierten Bedingungen (z. B. Innentemperatur, Klimadaten) berechnet. Diese Methode erfordert eine umfangreiche bautechnische Untersuchung, ist also aufwendiger, aber auch aussagekräftiger.

Das sagen die Farben über den Sanierungsbedarf

Ähnlich wie bei Elektrogeräten wird der konkrete Gebäudewert auf einer Farbskala von Grün (gut) über Gelb (mittel) bis Rot (schlecht) den Energieeffizienzklassen zugeordnet. In die grün markierte effizienteste Kategorie A+ fallen Passivhäuser oder KfW-40-plus-Häuser mit einem Endenergiebedarf oder -verbrauch unter 30 kWh(m^{2}a). Ein unsanierter, energetisch schlechter Altbau mit mehr als 250 kWh(m^{2}a) findet sich in der roten Kategorie H. Bei einem Gebäude mit einem Endenergiewert von bis zu 150 kWh/(m^{2}a) kann es interessant sein, energetische Optimierungsmöglichkeiten zu untersuchen. Unbedingt ratsam ist das, wenn der Kennwert über 150 kWh/(m^{2}a) liegt.

Im Gesetz ist genau festgelegt, für welche Gebäude welcher Energieausweis zulässig ist: Für alle unsanierten Wohngebäude mit ein bis vier Wohneinheiten, für die der Bauantrag vor dem 1. November 1977 gestellt wurde, ist ein Bedarfsausweis Pflicht. Für alle anderen Bestandsgebäude haben Eigentümer die Wahl.

Für Käufer ist der Energieausweis eine wichtige Orientierungshilfe: Anhand der Angaben zum Energieverbrauch oder -bedarf können sie die künftigen Energiekosten zumindest grob taxieren. Wichtig ist darüber hinaus, in welche Energieeffizienzklasse das Gebäude eingeordnet ist. In der Europäischen Union ist nach jahrelangem Tauziehen die überarbeitete Richtlinie über Gesamtenergieeffizienz von Gebäuden (EPBD) in Kraft getreten. Entgegen ursprünglicher Pläne enthält sie zwar keine Sanierungspflichten für einzelne Gebäude. Aber bis 2030 soll der Primärenergieverbrauch des gesamten Wohngebäudebestandes in jedem EU-Mitgliedsland um 16 Prozent und bis 2035 um 20 bis 22 Prozent verringert werden. Die vorgesehene Reduzierung soll zu 55 Prozent durch die energetische Verbesserung der ineffizientesten Wohngebäude erreicht werden. Die EU-Mitglieder können selbst festlegen, wie sie die übrigen 45 Prozent erzielen. Der deutsche Weg ist hier noch nicht absehbar. Denkbar sind jedoch durchaus höhere Vorgaben für Gebäude mit besonders schlechtem energetischem Standard.

Der Energieausweis beinhaltet auch erste kurze Empfehlungen zu kostengünstigen Verbesserungen der energetischen Eigenschaften des Gebäudes. Für künftige Eigentümer sind das Hinweise darauf, welche Maßnahmen in den kommenden Jahren notwendig werden können. In allen ab Anfang 2024 ausgestellten Ausweisen finden sich außerdem Angaben zur Nutzung erneuerbarer Energien. Das 2024 überarbeitete Gebäudeenergiegesetz schreibt nämlich vor, dass künftig möglichst jede neu eingebaute Heizung zu mindestens 65 Prozent mit erneuerbaren Energien betrieben werden muss. Aus der Angabe im Energieausweis ist ablesbar, ob diese Anforderung bereits erfüllt ist. Falls nicht, kommt auf neue Eigentümer absehbar eine Heizungsumstellung zu. Eine Pflicht zum Austausch gibt es zwar aktuell nur für Heizungen, die älter als 30 Jahre sind und weder über einen Brennwert- noch einen Niedertemperaturkessel verfügen. Doch wenn ein kommunaler Wärmeplan vorliegt, greifen die Vorschriften des Gebäudeenergiegesetzes, sobald die alte Heizung kaputt geht. Das interessierende Haus wird bereits durch eine Wärmepumpe versorgt? Fein. Hat der Eigentümer jedoch vor zehn Jahren eine Gasheizung einbauen lassen, steht in ein paar Jahren ein Umbau des Wärmeerzeugers an. Das müssen Sie in Ihrer Finanzplanung bedenken.

Fundierter als der Energieausweis sind Informationen aus einer Energieberatung. Zwar wird kaum ein Kaufinteressent eine differenzierte Beratung für ein Gebäude in Anspruch nehmen, dessen Eigentümer er (noch) nicht ist. Aber viele Bestandseigentümer haben in den vergangenen Jahren Rat eingeholt. Erkundigen Sie sich dazu beim Verkäufer oder bei der Maklerin. Vielleicht gibt es ein Beratungsprotokoll oder – besser noch – einen individuellen Sanierungsfahrplan (iSFP). Dabei handelt es sich um einen auf das Gebäude zugeschnittenen Plan von technisch und wirtschaftlich sinnvollen, folgerichtig aufeinander aufbauenden Maßnahmen, die entweder Schritt für Schritt oder im Zuge einer Gesamtsanierung umgesetzt werden können. Der iSFP enthält Angaben zu Primärenergiebedarf, Endenergiebedarf und CO_2-Emissionen, Energiekosten, geschätzten Gesamtinvestitionskosten, Erhaltungskosten und Fördermöglichkeiten des Bundes. Kaufinteressierte können anhand des Konzeptes ungefähr einschätzen, welche Sanierungen anstehen könnten.

Falls es weder einen Energieausweis noch einen Sanierungsfahrplan gibt, sind der durchschnittliche Strom- und Heizenergieverbrauch der bisherigen Bewohner hilfreiche Anhaltspunkte. Bei einer Eigentumswohnung sind sie auch als Ergänzung zum Energieausweis wichtig. Denn der bezieht sich auf das gesamte Gebäude und erlaubt nur Hochrechnungen zu den durchschnittlichen Verbräuchen der einzelnen Wohnungen unter Berücksichtigung ihrer Flächenanteile. Das verwischt jedoch die Unterschiede.

Grenzt beispielsweise eine Wohneinheit großflächig an einen unbeheizten Anbau, so wird dort vermutlich mehr Energie verbraucht als in der gleich großen Nachbarwohnung, die an allen Seiten von beheizten Bereichen umgeben ist. Bei den Angaben der vorherigen Bewohner zum Verbrauch ist allerdings zu berücksichtigen: Der Energieverbrauch hängt nicht nur vom Standard der Wohnung ab, sondern vom das Nutzungsverhalten. Und das stimmt nicht unbedingt mit Ihren Heizgewohnheiten überein.

Erweist sich die Recherche von Verbräuchen als schwierig, hilft der Heizspiegel, den die Beratungsgesellschaft co2online alljährlich zusammenträgt. Darin sind die Energieverbräuche und -kosten pro Quadratmeter Wohnfläche für fünf Heizsysteme – Erdgas, Heizöl, Fernwärme, Wärmepumpe und Holzpellets – in unterschiedlichen Gebäudegrößen dargestellt und mit einer vierstufigen Farbskala bewertet (heizspiegel.de).

Auf Dokumente wie den Energieausweis oder den individuellen Sanierungsfahrplan (iSFP) sowie Verbrauchsabrechnungen oder -einschätzungen sollten Sie sich allerdings keinesfalls allein verlassen, sondern die Besichtigung nutzen, um genau hinzuschauen. Mehr dazu lesen Sie im Kapitel „Besichtigungstermin“, ab S. 44.

Grundbuch

Beim Kauf jeder Immobilie ist die Prüfung der Eintragung ins Grundbuch unverzichtbar. Jedes Grundstück wird dort mit einem eigenen Dokument geführt, dem Grundbuchblatt. Zwar ist die Notarin verpflichtet, im Rahmen der Beurkundung des Kaufvertrags den Inhalt des Grundbuchs festzustellen und zu erläutern. Doch das geschieht dann quasi in letzter Minute. Dass ein Verkäufer oder Eigentümer mit dem Verkaufsangebot schon einen Grundbuchauszug zur Verfügung stellt, ist eher selten. Sie können jedoch fragen, ob ein solches Dokument bereits vorliegt. Falls nicht, können Sie sich selbst darum kümmern. Das ist spätestens dann unbedingt empfehlenswert, wenn eine Immobilie in die engere Wahl kommt. Kaufinteressierte dürfen mit einer Vollmacht des bisherigen Eigentümers das Grundbuch beim zuständigen Grundbuchamt einsehen. Das ist in aller Regel an das Amtsgericht angegliedert. Das ist mittels Postleitzahlensuche unter justizadressen.nrw.de zu finden. Elektronische Grundbücher lösen mehr und mehr die Papierform ab. Die internetbasierte

Einsicht ist vielerorts möglich. Das Einsehen des Grundbuchs ist meist kostenlos. Für eine Abschrift oder einen beglaubigten Auszug fallen Gebühren an.

Aus dem Grundbuchauszug sind der Eigentümer und die Größe des Grundstücks, aber auch eventuelle Belastungen und Rechte Dritter wie etwa ein Erbbaurecht, ein lebenslanges Wohnrecht oder gar Nießbrauch ersichtlich. Eingetragene Rechte können einen Kauf kompliziert machen und die spätere Nutzung erheblich einschränken. Sie können ein Grund sein, vom Kauf Abstand zu nehmen. Zumindest aber sind sie gewichtige preismindernde Argumente.

Im Grundbuchblatt ist darüber hinaus erkennbar, ob die Liegenschaft als Sicherheit für Schulden dient. Deshalb verlangt auch die finanzierende Bank einen Grundbuchauszug als Voraussetzung für ein Darlehen.

Amtliche Pläne und Unterlagen

Öffentlich-rechtliche Verpflichtungen können die Nutzung eines Grundstücks genauso stark einschränken und den Preis genauso mindern wie etwa ein eingetragenes Wohnrecht. Die sogenannten Baulasten werden in Bayern in das Grundbuchblatt eingetragen. In den übrigen Ländern gibt

UNSER RAT

Unterlagen richtig lesen: Der Grundbuchauszug

Jedes Grundbuchblatt besteht aus vier Teilen:

Bestandsverzeichnis: Hier sind Lage, Bezeichnung, Größe und Nutzung des Grundstücks benannt – auch seine eventuellen Veränderungen, wenn es zum Beispiel mit einer anderen Parzelle zusammengelegt worden ist. Bei einer Wohnungseigentümergemeinschaft kann eine Veräußerungsbeschränkung für die einzelne Einheit eingetragen sein. Dann müssen die Miteigentümer dem Verkauf zustimmen.

Abteilung I: Hier stehen die Eigentümer. Für jeden Eigentümer gibt es eine eigene Zeile. Die Eintragungen sind in Spalte 1 fortlaufend nummeriert. In Spalte 2 stehen die Eigentümer, Spalte 4 nennt die Gründe für die Eintragung.

Abteilung II: Hier finden sich vor allem Einschränkungen der Eigentümer, beispielsweise Grunddienstbarkeiten, die anderen das Recht sichern, einen Weg zu benutzen oder Leitungen zu verlegen. Auch Verfügungs- und Nutzungsrechte wie Vorkaufs- oder Erbbaurechte, Ansprüche auf laufende Erträge, Wohnrechte oder Nießbrauch sind hier eingetragen. Im Falle eines Kaufs wird an dieser Stelle eine Vormerkung für den Käufer eingefügt.

Abteilung III: Hier sind die Rechte von Gläubigern eingetragen. In der Regel handelt es sich um Grundpfandrechte von Banken. Im Falle eines Eigentümerwechsels wird für die Bank, die das Hauptdarlehen zur Finanzierung gewährt, eine Grundschuld an erster Stelle eingetragen. Eventuelle weitere Gläubiger werden nachrangig behandelt. Zuvor muss jedoch das Grundpfandrecht der Bank des bisherigen Eigentümers gelöscht werden. Dafür gibt es unterschiedliche Wege. Das Verfahren muss mit allen Beteiligten frühzeitig besprochen werden. Aus der Höhe des (noch) eingetragenen Rechts können Kaufinteressierte Rückschlüsse auf die Schulden des aktuellen Eigentümers und auf seinen ursprünglichen Kaufpreis ziehen.

das **Baulastenverzeichnis** Auskunft. In aller Regel wird es bei der Kommune geführt. Baulasten sind öffentlich-rechtliche Verpflichtungen, die der Errichter des Gebäudes akzeptiert hat, um eine Baugenehmigung zu erhalten. Ein Klassiker ist die Erschließungsbaulast: Sie verpflichtet den Grundstückseigentümer, eine Fläche für den Eigentümer nebenan zur Verfügung zu stellen, die er für die Zufahrt zu seinem Grundstück oder zur Durchführung von Leitungen nutzen kann. Baulasten schreiben dem Eigentümer vor, was er auf seinem Grundstück tun, unterlassen oder dulden muss. Sie bestehen dauerhaft und gehen auf den Käufer über.

Ein weiteres amtliches Dokument, das spätestens dann vorliegen sollte, wenn es um konkrete Verkaufsverhandlungen geht, ist die **Flurkarte** – auch Liegenschaftskarte oder Katasterkarte genannt. Diese maßstäbliche Zeichnung bildet die genaue Lage und Größe eines Grundstücks ab und definiert verbindlich seine Grenzen. Die Flurkarte gilt als amtliche Kartengrundlage des Grundbuchs. Sie kann beim Liegenschaftskatasteramt beantragt werden, das für das jeweilige Gebiet zuständig ist. Wie auch beim Grundbuchauszug gilt: Auszüge aus dem Liegenschaftskataster, die Informationen über den Eigentümer enthalten, werden aus Datenschutzgründen nur bei Nachweis eines berechtigten Interesses ausgestellt. Kaufinteressierte brauchen also eine Vollmacht des Eigentümers.

Nicht zu verwechseln mit dem Liegenschaftskataster ist das **Altlastenkataster**, meist auf dem Umweltamt zu finden. Hier sollten Sie Einsicht nehmen, wenn ein Grundstück früher von Gewerbe, Militär, als Müll- oder Schuttplatz genutzt wurde oder aus anderen Gründen ein Altlasten-Verdacht besteht.

Ebenfalls relevant und zudem schwer verdaulich, aber wenigstens einfacher zu beschaffen sind Bauvorschriften. Die wichtigste Allgemeinvorschrift ist die **Bauordnung** des jeweiligen Bundeslandes. Die Ländervorschriften orientieren sich an den Vorschriften der gemeinsamen Musterbauordnung. In Details gibt es jedoch Abweichungen. Besonders praxisrelevant sind die Vorgaben, welchen Abstand ein Gebäude zur Grundstücksgrenze einhalten muss. Vor allem Kaufinteressierte, die über Anbauten nachdenken, sollten hier unbedingt genau hinschauen.

Auf kommunaler Ebene sind zum einen **Flächennutzungspläne** von Interesse. Sie nehmen die mögliche Entwicklung über einen Zeitraum von mehreren Jahren vorweg und zeigen beispielsweise potenzielle Baugebiete und mögliche Verkehrswege. Aller-

UNSER RAT

Vorsicht beim Vorkaufsrecht

Sie schließen einen Immobilien-Kaufvertrag ab – doch ein Dritter hat ein „Vorkaufsrecht" und erwirbt das Objekt. Das kann dreifach ärgerlich sein: Sie bekommen nicht das schöne Objekt. Sie haben womöglich den Darlehensvertrag unterschrieben und bekommen Probleme mit Ihrer Bank, die Ihnen eine „Nichtabnahme-Entschädigung" aufdrückt. Und schlimmstenfalls müssen Sie auch noch die Kosten des Notarvertrags für Ihren nutzlosen Vertrag zahlen.
Ein Vorkaufsrecht kann im Grundbuch eingetragen sein. Darüber hinaus besteht es per Gesetz zugunsten des Mieters, wenn ein Mietshaus in Eigentumswohnungen umgewandelt ist, aber die betreffende Wohnung danach noch nicht verkauft wurde. Und schließlich kann eine Gemeinde für bestimmte Gebiete ein Vorkaufsrecht beanspruchen. Auskunft erteilt das Bauamt.
Für Kaufinteressenten ist ein Vorkaufsrecht mit Unwägbarkeiten und zusätzlichem Aufwand verbunden. Wenn Sie dennoch an einer solchen Immobilie festhalten wollen, empfiehlt es sich, umfassende Informationen einzuholen und gegebenenfalls anwaltlichen Rat zu suchen.

UNSER RAT

Unterlagen richtig lesen: Amtliche Pläne und Unterlagen

Flurkarte: Die Flurkarte wird vom Vermessungs- und Katasteramt erstellt. Sie ist die amtliche Kartengrundlage des Grundbuchs. In der Flurkarten werden alle Grundstücke einer Region grafisch darstellt. Die kleinste Einheit einer Flurkarte ist das Flurstück. Flurstücke sind in der Karte markiert und durchnummeriert. Ein Grundstück kann aus mehreren Flurstücken bestehen. Im Immobilienkaufvertrag übernimmt die Notarin die Inhalte aus der Flurkarte. Die Flurkarte enthält auch eine maßstäbliche Darstellung der Baulichkeiten, die sich auf dem Grundstück befinden.

Flächennutzungsplan (F-Plan, FNP): Ein F-Plan umfasst das gesamte Gebiet einer Gemeinde. In dieser Karte ist dargestellt, welche Nutzungsarten (z. B. Wohnen, Gewerbe oder Verkehr) in welchen Gemeindegebieten geplant sind. Auch Sonderbauflächen sowie Flächen für Ver- und Entsorgung sind eingetragen. Der F-Plan ist ein vorbereitendes Planungsinstrument der Kommune, aus dem sie den verbindlichen Bebauungsplan entwickelt. Der Flächennutzungsplan ist im Bauamt der Kommune kostenlos einsehbar. Eine Legende mit Erläuterungen der verwendeten Symbole hilft Laien beim Verständnis.

Bebauungsplan (B-Plan): Ein Bebauungsplan enthält sehr detaillierte Vorgaben für eine Teilfläche der Kommune. Er ist für Behörden und Bevölkerung rechtsverbindlich und ebenfalls kostenlos im Bauamt einsehbar. Schwierig für Laien sind die zahlreichen Kürzel und Fachbegriffe. Die wichtigsten davon sollten Sie kennen:

WA – Allgemeines Wohngebiet: Hier sind nur Wohnen und lokale Geschäfte/Infrastruktur zulässig.

WR – Reines Wohngebiet: Hier ist außer Wohnen fast nichts erlaubt – nur Kindergärten, kleine Läden und Gemeinschaftseinrichtungen.

MI – Mischgebiet: Hier sind Wohnen und Gewerbe etwa im gleichen Verhältnis erlaubt. Das eine oder andere darf jedoch nicht stark überwiegen.

MK – Kerngebiet: Hier sind City-Nutzungen wie Büros und Handel vorgesehen. Wohnen ist die Ausnahme.

GE, GI – Gewerbe- und Industriegebiete: Wohnen dürfen hier in der Regel nur Hausmeister und z. T. Betriebsinhaber. Manchmal sind alle, manchmal nur bestimmte Gewerbe im Bebauungsplan zugelassen.

MU – Urbanes Gebiet: Hier sind Wohnen, Gewerbe und Dienstleistungen in dichter Mischung erlaubt und erwünscht. Der Schallschutz ist dafür eingeschränkt.

GFZ – Geschossflächenzahl: Sie legt fest, wie groß die Fläche aller entstehenden Etagen im Verhältnis zum Grundstück sein darf. Ist zum Beispiel ein Haus mit vier Etagen à 100 Quadratmetern, also insgesamt 400 Quadratmetern, auf einem städtischen 200-Quadratmeter-Grundstück vorgesehen, dann beträgt die GFZ 400/200 = 2,0.

GRZ – Grundflächenzahl: Anteil des Grundstücks, der bebaut werden darf. Ein 100-Quadratmeter-Flachbau auf einem 200-Quadratmeter-Grundstück entspricht einer GRZ von 0,5. Die Zahl kann naturgemäß nie höher als 1,0 sein.

Baugrenze: Bis hierhin darf auf dem Grundstück gebaut werden, darüber hinaus nicht.

Baulinie: An sie muss ein Haus angrenzen, das auf dem Grundstück entsteht – zum Beispiel, um in einer Straße eine gewisse Einheitlichkeit zu erzeugen.

dings sind diese Pläne nur bedingt verbindlich: Längst nicht alles, was sie enthalten, wird auch gebaut. Umgekehrt ist hier nicht jedes mögliche Projekt verzeichnet. Doch immerhin ist es hilfreich zu wissen, wenn für das schöne grüne Brachland am Ende der Sackgasse ein Gewerbegebiet angedacht ist.

Wesentlich detaillierter und verbindlicher sind **Bebauungspläne**. Sie werden von der Gemeinde jeweils für ein bestimmtes Gebiet aufgestellt. Für größere Neubaugebiete existieren fast immer Bebauungspläne. Wo es keinen Bebauungsplan gibt, gilt innerhalb von Ortschaften der „Lückenparagraf" 34 des Baugesetzbuchs: Die Bebauung muss sich in die Eigenart der näheren Umgebung einfügen. Ein Bebauungsplan ist eine rechtsverbindliche Satzung der Kommune. Er besteht aus einer Planzeichnung und einem Textteil. Darin ist üblicherweise das Maß der baulichen Nutzung zum Beispiel als reines Wohngebiet oder als Mischgebiet geregelt. Die Kommune kann auch konkretere Bestimmungen treffen und gestalterische Festsetzungen zum Beispiel zur Dachform oder der Fassadengestaltung, aber auch zu Materialien und Farben vornehmen. Freibereiche wie Zäune sind mancherorts ebenfalls betroffen. Vorgaben zur Gebäudegestaltung können auch in einer eigenständigen Gestaltungssatzung formuliert sein. Wichtig werden sie nicht nur bei An- und Umbauten, sondern auch bei allen Sanierungen an der Gebäudehülle. Die Kommunen dürfen des Weiteren Erhaltungssatzungen erlassen. Sie haben etwa das Ziel, die städtebauliche Eigenart eines Gebietes zu erhalten. Dann ist beispielsweise für einen Abbruch im Zuge einer Umbaumaßnahme oder für eine Nutzungsänderung eine spezielle Genehmigung erforderlich.

Unterm Strich können also Bebauungspläne, Satzungen und andere Vorschriften die Nutzung von Wohneigentum auf unterschiedliche Weise erheblich einschränken. Wer in einem eng begrenzten Gebiet sucht, sollte sich daher alle dort gültigen Vorschriften frühzeitig besorgen und bei den infrage kommenden Immobilien im Blick haben. Wer bei der Suche breit aufgestellt ist, kann das natürlich nicht leisten. Doch sobald ein Haus in die enge Wahl kommt, ist es ratsam, sich mit den entsprechenden Unterlagen zu befassen.

Beim Neubau: Bau- und Leistungsbeschreibung, Zahlungsplan

Wer eine geplante, aber noch nicht vollständig errichtete oder fertiggestellte Wohnung erwirbt, hat bestenfalls eine Musterwohnung besichtigt. Umso wichtiger ist die Bau- und Leistungsbeschreibung des Unternehmens. Diese Dokumentation ist seit der Reform des Bauträgervertragsrechts im Jahr 2018 gesetzlich vorgeschrieben. Sie benennt alle wichtigen Leistungen, beschreibt die Bauqualität, zur Verwendung kommende Baustoffe, Materialien, Techniken und Ausstattungsmerkmale. So zumindest die Theorie. Oft fehlen jedoch wichtige Angaben, oder sie sind nur vage formuliert. In jedem Fall ist das Lesen und Verstehen einer Bau- und Leistungsbeschreibung für Laien eine Herausforderung.

Darüber hinaus sollten Bauherren den Zahlungsplan gründlich unter die Lupe nehmen. Er regelt, welchen Abschlagsbetrag sie wann und für welche Leistung zahlen müssen. Dabei sollten sich die Abschläge immer am Baufortschritt orientieren.

Mit unserem Bauherren-Handbuch begleiten wir Sie auf dem Weg zum Neubau. Fachkundige Beratung für Ihr individuelles Projekt inklusive der Prüfung von Unterlagen finden Sie bei den Ortsvereinen von Haus & Grund Deutschland, beim Verband Wohneigentum, dem Verein „Wohnen im Eigentum" und den Verbraucherzentralen.

Besichtigungstermin

Kein Exposé, kein Grundriss, kein Umfeld-Check und keine noch so akribische Prüfung von Unterlagen ersetzt die Besichtigung. Die Räume und ihre Ausstattung sind in ihrer Originalgröße zu sehen, Geräusche von der Straße oder auch der Nachbarwohnung zu hören, Gerüche im Hausflur zu riechen, kurz: Die Immobilie ist erlebbar. Das erleichtert die Abstimmung mit den eigenen Vorstellungen sowie die realistische Beurteilung des Zustandes.

Eine Besichtigung ist oft ein aufregender Akt: Sie betreten ein fremdes Haus, das Ihr Lebensmittelpunkt werden könnte. Innerhalb kürzester Zeit müssen Sie eine Vielzahl von Eindrücken und Informationen verarbeiten. Einige Vorüberlegen helfen dabei, trotz aller Stressfaktoren nichts Wesentliches zu vergessen.

Umgang mit Eigentümern

Der Immobilienmarkt hat sich in den vergangenen Jahren von einem Verkäufermarkt zu einem Käufermarkt gewandelt. Das Angebot an Häusern und Wohnungen ist vergleichsweise groß, die Ausgangslage für Kaufinteressierte also recht vielversprechend. Das heißt jedoch nicht, dass jeder Eigentümer nur auf Sie wartet. Im Zweifel müssen Sie ihn überzeugen, dass Sie ein besserer Käufer sind als konkurrierende Interessenten.

Für Verkäufer ist es genauso wichtig wie für Käufer, einen vertrauenswürdigen Partner zu finden, mit dem sie den Verkauf abwickeln. Die Sicherheit, den Kaufpreis pünktlich und in der angestrebten Höhe zu erhalten, ist dabei nur ein Faktor. Manche privaten Eigentümer sind im Begriff, sich von einem wichtigen Teil ihrer Lebenswelt zu trennen. Sie wollen das Gefühl haben, ihr Haus in gute Hände zu geben. Und diejenigen Eigentümer, die rein kommerziell denken, sind am stärksten von einem gut zahlenden, pflegeleichten Kunden zu beeindrucken.

Den Grundstein für ein gutes persönliches Miteinander legen Sie schon beim allerersten Kontakt. Indem Sie möglichst schnell und freundlich auf ein Angebot reagieren, dokumentieren Sie Ihr Interesse. Auf lange E-Mails und weitschweifige Selbstdarstellungen sollten Sie dabei verzichten. Durch gezielte Nachfragen zeigen Sie, dass Sie sich fundiert mit dem Objekt befassen.

Vor allem private Eigentümer wissen zu schätzen, wenn Kaufinteressierte bei der Absprache eines Besichtigungstermins kompromissbereit und bei der Begehung selbst rücksichtsvoll sind. Fragen Sie zum Beispiel, ob Sie die Schuhe ausziehen sollen. Nicht zu empfehlen ist es, gleich bei der ersten Besichtigung mit einer Sachverständigen zu erscheinen oder mit einem ganzen Koffer voller Prüfequipment. Das wirkt für den Verkäufer oder die Maklerin schnell anstrengend und misstrauisch. Außerdem wissen Sie zu diesem Zeitpunkt noch gar nicht, ob Sie das Objekt überhaupt wollen und darauf Chancen haben. Die Expertengebühr könnte in diesem Stadium eine unnötige Investition sein.

In der direkten Begegnung können Sie sich langsam zu möglichen Gemeinsamkeiten vortasten und zum Beispiel jetzige und frühere Familien- und Lebenssituation, Gefallen an der Immobilie, Berufe, sichtbare Vorlieben vom Gartenzwerg bis zum Avantgarde-Bild an der Wand ansprechen.

Der erste Rundgang

Wenn ein Eigentümer oder auch eine Maklerin einen engen Zeitrahmen für die Besichtigung steckt oder gar noch vor Ort zu einer Entscheidung drängt, ist das ein schlechtes Zeichen. Lassen Sie sich keinesfalls unter Druck setzen. Allerdings: Nach der fünften oder auch zehnten Besichtigung lässt das eigene Engagement irgendwann nach; Frust und oft auch vermeintliche Routine machen sich breit. Es ist letztlich auch im Interesse der Kaufinteressierten, die Besichtigungen effizient zu gestalten und optimal zu nutzen. Eine wichtige Voraussetzung dafür ist die gründliche Vorbereitung. Die Checklisten mit Ihrer Bedarfsanalyse (siehe Formular A im Formularteil ab S. 97), ein Notizblock und eine Kamera oder ein Smartphone mit ausreichend geladenem Akku sind die Grundausstattung für jeden Vor-Ort-Termin. Fotos sind eine gute Gedankenstütze für die Nachbesprechung zu Hause – vorausgesetzt, der Eigentümer oder die Maklerin ist damit einverstanden, dass Aufnahmen gemacht werden. Auch ein Kompass ist hilfreich, um die Ausrichtung der einzelnen Räume zu prüfen.

Beim Betreten des Gebäudes ist der erste Eindruck entscheidend. Ist die Atmosphäre in der Wohnung hell und freundlich? Entspricht der Zuschnitt der Räume den Einrichtungsideen? Mit einem schnellen Rundgang ist es nicht getan. Nehmen Sie sich ausreichend Zeit, um alle Räume und die Außenanlagen in Ruhe zu erkunden. Bei einer Wohnung gehören auch sämtliche der Wohneinheit zugeordneten Nebenräume sowie Gemeinschaftsräume dazu. Und natürlich sollten Sie sich einen Eindruck vom Gebäude insgesamt verschaffen. Genau wie vorher beim Wohnumfeld-Check sollten Sie alle Sinne aktivieren. Vieles können Sie durch Anfassen bzw. Anschalten überprüfen. Öffnen Sie Fenster und Türen, prüfen Sie die Lichtschalter und testen Sie Wasserhähne durch kurzes Aufdrehen. Vergewissern Sie sich, dass elektrisch betriebene Rollläden auch wirklich funktionieren.

Alle künftigen Eigentümer sollten dabei sein. Sinnvoll ist ein erster Termin bei Tageslicht. So können Sie auch die Lichtsituation einzelner Räume beurteilen. Jetzt ist auch der richtige Moment, um alle Fragen zu klären, die nach der Beschäftigung mit dem Angebot und den zur Verfügung gestellten Informationen offen sind.

UNSER RAT

Tipps für eine Bewerbermappe

Die meisten Eigentümer werden ihre Immobilie einer Vielzahl von Interessenten zeigen. Also ist es wichtig, sich aus der Masse hervorzuheben und in Erinnerung zu bleiben. Eine Bewerbermappe mit einem kurzen Brief ist dafür ein gutes Hilfsmittel. Sie sollte neben allen Kontaktdaten Angaben zum Familien- und vielleicht Berufsstatus enthalten. Nützlich ist auch ein Eigenkapitalnachweis etwa in Form einer Kopie von Bank- oder Bauspar-Kontoauszügen. Packen Sie nur die wichtigsten Dokumente in die Mappe, damit diese dann auch garantiert gelesen werden. Und nennen Sie keine zu hohen Summen – das kann angeberisch wirken. Bei Kindern passt ein selbst gemaltes Bild „Familie im oder ums Haus", für rein erwachsene Interessenten ein freundliches kleines Foto von Ihnen. Bei einem kommerziellen Anbieter erübrigt sich eine solche Mappe oft – meist wird Ihnen ein Bewerbungsbogen zum Ausfüllen vorgelegt.

Realität und Grundriss vergleichen

Bei Altbauten stimmen die Grundrisse oft nicht mehr: Manchmal sind z. B. noch einstige Speisekammern eingezeichnet, aber neuere Bäder nicht. Auch Durchbrüche und Zwischenwände sind oft nicht aktuell. Nehmen Sie auf jeden Fall zur Besichtigung den Grundriss mit und markieren Sie wichtige Abweichungen. Vor allem bei von Hand gezeichneten Grundrissen sollten Sie darauf gefasst sein, dass manche Angaben nicht mit der Wirklichkeit übereinstimmen – vor allem Maße nicht. Auch wertvolle Zusatzinformationen etwa zur Statik fehlen in solchen Skizzen oft. In Profi-Grundrissen dagegen sind tragende, unveränderliche Wände stärker gezeichnet, statisch unwichtige Wände dünner. Solche Details können Sie bei der Besichtigung prüfen und gegebenenfalls im Grundriss nachbessern. Schließlich sind das wichtige Hinweise darauf, wo der Zuschnitt der Räume veränderlich sein könnte und wo nicht.

Wenn Ihnen die Immobilie gefällt und Sie ernsthaftes Interesse haben, lassen Sie das Ihr Gegenüber sofort wissen. Signalisiert auch der Verkäufer Einverständnis, sollten Sie besprechen, ob und wann eine weitere Besichtigung mit einer Baubegleitung möglich ist. Optimal sind mehrere Termine zu unterschiedlichen Tageszeiten, beispielsweise einer am Mittag, einer abends und einer am Wochenende.

Übrigens: Sollten Sie am Ende nicht zum Zuge kommen, ist eine freundlich-souveräne Reaktion ratsam. Vielleicht sagt der Ausersehene doch noch ab – und Sie sind dann der erste Zweitkandidat.

Expertenbegleitung

Wenn erwachsene Kinder oder Freunde sich als Begleitung zur Besichtigung anbieten, ist das eine tolle Unterstützung. Sie kennen die Kaufinteressenten gut und wissen, was ihnen wichtig ist. Zugleich haben sie mehr emotionalen Abstand und damit eine andere, möglicherweise rationalere Perspektive.

Auf diesen persönlichen Beistand können angehende Eigentümer unter Umständen verzichten. Der Rat einer Bauexpertin hingegen ist bei älteren Häusern oder Wohnungen meist unentbehrlich. Angesichts der finanziellen Größenordnungen, um die es beim Kauf einer Wohnimmobilie geht, ist eine Planung „Pi mal Daumen" bei der Finanzierung ebenso gefährlich wie bei der Beurteilung der Gebäudesubstanz. Denn wer Schäden übersieht, muss später für die Beseitigung meist selbst aufkommen. Der Verkäufer haftet nur für Mängel, die er kannte, die aber für Sie nicht erkennbar gewesen wären. Verborgene Schäden gehen ohnehin zu Ihren Lasten, wenn nicht deren Verursacher zu finden und dieser zudem solvent genug ist. Zudem dürfen die Haftungsfristen noch nicht abgelaufen sein. Vollständige Sicherheit gibt es nicht; dazu müsste man das Haus quasi auseinandernehmen. Aber eine Expertin weiß und sieht mehr als Sie. Und sie haftet Ihnen gegenüber, wenn sie etwas übersehen hat, was sie hätte erkennen müssen. Auch für die Bewertung von möglicherweise erforderlichen Umbau- und Sanierungsarbeiten ist eine Expertin unverzichtbar. Im Verhältnis zur Investition, die getätigt werden soll, fällt das Honorar für die Beratung kaum ins Gewicht.

Gefragt ist eine unabhängige Kennerin der Materie, die nicht die Interessen eines Immobilienverkäufers, einer Maklerin, Finanzierers oder auch Baustoffhändlers vertritt, sondern Ihre eigenen Interessen. Zu finden sind solche Fachleute beim Bauherren-Schutzbund, dem Verband Privater Bauherren, bei Wohnen im Eigentum, Haus & Grund oder dem Verband Wohneigentum. Die Kontaktdaten finden Sie im Serviceteil auf der S. 90. Häufig steht die Beratung nur Mitgliedern zur Verfügung. Der Kauf einer Immobilie kann ein guter Anlass sein, in einen Verein einzutreten und auch künftig beispielsweise in Bau- oder Rechtsfragen die Leistungen zu nutzen. Alternativ können Sie eine öffentlich bestellte und vereidigte Sachverständige für Schäden am Gebäude beauftragen. Sie finden sie am bequemsten über https://svv.ihk.de. Dort geben Sie als Suchbegriff „Gebäudeschaden“ ein.

Baulicher Zustand

Den Vergleich zwischen den eigenen Wünschen und Bedürfnissen einerseits und dem, was eine infrage kommende Immobilie zu bieten hat, können Kaufinteressierte selbst am besten leisten. Dabei findet sich in den seltensten Fällen ein Haus, das in allen Details die eigenen Vorstellungen erfüllt. In aller Regel heißt es abwägen und gewichten. Das kann Ihnen niemand abnehmen.

Für Laien ist es jedoch fast unmöglich, Sanierungsbedarf „freihändig“ abzuschätzen. Hier kann der erste Augenschein allenfalls Anhaltspunkte geben. Wenn zum Beispiel an der Fassade der Putz bereits großflächig fehlt, können Sie mit ziemlicher Sicherheit davon ausgehen, dass in näherer Zeit eine Fassadensanierung ansteht. Umgekehrt gilt aber: Wenn die Eindeckung des Daches dem Augenschein nach intakt ist, heißt das nicht, dass das Dach tatsächlich weiterhin jedem Wetter standhalten wird. Wenn es in den letzten 50 Jahren keine Neueindeckung gegeben hat, muss ein Käufer damit rechnen, dass in Bälde Reparaturen am Dach vorgenommen werden müssen, vielleicht sogar eine komplette Neueindeckung notwendig ist. In vielen Bundesländern greift dann sogar noch die Pflicht, eine PV-Anlage zu installieren.

Aufgabe einer fachkundigen Baubegleitung ist, den baulichen Zustand zu beurteilen. Dazu gehört, Mängel oder Schäden zu erkennen, auf absehbar notwendige Erhaltungsmaßnahmen und Sanierungen hinzuweisen und einen groben Kostenrahmen dafür zu benennen. Ein wichtiges Kapitel bei der Begutachtung durch Experten ist der energetische Standard. Wer heute ein Haus erwirbt, das mit Gas oder Öl beheizt wird und dessen Fassade womöglich über einen geringen Wärmeschutz verfügt, muss sich nicht nur auf hohe Brennstoffkosten bei zugleich hohen Verbräuchen gefasst machen, sondern auch auf demnächst anstehende Sanierungen, eventuell sogar Sanierungspflichten. Klar ist, dass die Anforderungen an Gebäudeeigentümer, ihr Haus energetisch auf Vordermann zu bringen, wachsen werden. Das müssen Sie in der Finanzplanung berücksichtigen. Wenn Sie den Energieausweis, Angaben zu Verbräuchen und Informationen aus einer Energieberatung nicht bereits im Vorfeld eingesammelt haben, sollten Sie das bei der Besichtigung nachholen und alle Unterlagen gemeinsam mit einer Baubegleitung durchgehen. Sie wird bei ihrer Einschätzung ergänzend den Zustand der Heizung und der übrigen Gebäudetechnik sowie bauliche Aspekte berücksichtigen: Sind alle Außenwände, die Kellerdecke und die oberste Geschossdecke zu einem nicht beheizten Dachraum gedämmt? Bestehen die Fenster mindestens aus einer Wärmeschutzverglasung mit zwei Scheiben und einer Wärmeschutzbeschichtung? Sind Fenster und Türen winddicht? Mithilfe einer Infrarot-Wärmebildkamera lassen sich Schwachstellen finden.

AUSFÜLLHINWEIS

Formular G: Besichtigung

Dieses Arbeitsblatt soll Ihnen helfen, die zahlreichen Fragen, Informationen und Eindrücke zu sortieren und eine erste Einschätzung über die Immobilie zu bekommen. Das verschafft Ihnen Klarheit darüber, wie gut die Immobilie zu Ihren Wünschen und Bedürfnissen passt. Markieren oder notieren Sie beim Erstbesuch vor allem die Punkte, denen Sie weiter nachgehen wollen – weil Sie sie als kritisch erkannt haben oder weil Sie weiteren Klärungsbedarf sehen.

Vorgehen bei Mietverhältnissen

Wer eine vermietete Immobilie erwirbt, kauft das Mietverhältnis quasi mit. Im Falle einer Geldanlage ist das gern gesehen. Ist jedoch die Selbstnutzung das Ziel, kann ein bestehendes Mietverhältnis zum Problem werden.

„Kauf bricht Miete nicht", heißt ein Rechtsgrundsatz. Das bedeutet: Sie werden Partei eines Mietvertrags, den Sie nicht abgeschlossen haben – und das mit Personen, die Sie sich als Vertragspartner nicht ausgesucht haben. Das ist meist unproblematisch, wenn Sie ein Objekt nur zur Kapitalanlage, für Ihre Altersvorsorge oder zum möglichen Gebrauch irgendwann in ferner Zukunft wollen, die Mieteinnahmen hinreichend hoch sind und reibungslos fließen. Den Mietvertrag samt Anlagen sowie Nachweisen der Mietzahlungen sollten Sie sich vom Verkäufer unbedingt vorlegen lassen. Nach dem Erwerb sind Mieter in der Regel erleichtert, wenn sie wieder eine langfristige Wohnperspektive haben und Ruhe vor Interessenten.

Wenn Sie die vermietete Immobilie jedoch künftig selbst bewohnen wollen, sollten Sie nicht darauf bauen, den Mieter hinausdrängen zu können, schon gar nicht innerhalb eines bestimmten Zeitraums. Ein Käufer kann den bisherigen Mietern wegen Eigenbedarf kündigen, sobald er selbst als Eigentümer ins Grundbuch eingetragen ist. Das funktioniert manchmal reibungslos, kann aber auch an Sperrfristen scheitern, an Mietvertrags- oder Sozialer-Härtefall-Klauseln, örtlichen Milieuschutz-Satzungen oder gerichtlich nicht anerkanntem Eigenbedarf. Verlieren Sie, droht zwischen Ihnen und dem Mieter kalter Krieg. Gewinnen Sie, dann bekommen Sie Ihre neue Wohnwelt, indem Sie jemand anderen vertreiben. Das ist legal, kann aber moralisch fragwürdig sein. Unterm Strich ist eine Eigenbedarfskündigung mit Unwägbarkeiten, Verzögerungen und oft auch viel Ärger verbunden.

Das lässt sich unter Umständen vermeiden, indem frühzeitig mit den Mietern nach einer Lösung gesucht wird. Besprechen Sie offen mit den Bewohnern, ob sie unter be-

UNSER RAT

Erfahrungen von Mietern ernst nehmen

Ein freundlicher Austausch mit den Mietern lohnt schon während der Besichtigung. Sie kennen die alltäglichen Verhältnisse im Haus am besten und reden offener über Schwächen und Probleme als der Verkäufer. Es kann durchaus sein, dass Mieter eine Immobilie aus taktischen Gründen schlechtreden, weil sie potenzielle Mieterhöher und Eigenbedarfskündiger vergraulen wollen. Manche sind einfach nur schlecht gelaunt, weil schon wieder der Eigentümer oder die Maklerin mit einem Fremden das Wohn- und Schlafzimmer begutachtet. Nehmen Sie dennoch Hinweise auf Probleme in Haus und Wohnung ernst. Wenn Sie die Immobilie trotzdem noch erwerben wollen, haben Sie gute Argumente, mit dem Verkäufer um den Preis zu handeln.

stimmten Bedingungen freiwillig ausziehen würden – zum Beispiel für Geld, nach einer Suchfrist oder mit einer Bürgschaft von Ihnen für einen anderen Vermieter. Oft genug funktioniert das – vor allem bei jüngeren Mietern, die flexibel sind und Geld gut gebrauchen können. Denkbar ist dann, die Aufhebung des Mietvertrags zu einem bestimmten Zeitpunkt zu vereinbaren. In einem solchen Aufhebungsvertrag sollten auch Details wie die Zuständigkeit für Schönheitsreparaturen, die Rückzahlung der Kaution und der Ausgleich noch offener Betriebskosten geregelt werden. Der Berliner Mieterverein stellt eine Vorlage für eine Mietaufhebungsvereinbarung zur Verfügung (berliner-mieterverein.de/musterschreiben/mietaufhebungsvereinbarung-mustervorlage). Für Eigentümer beziehungsweise Käufer empfiehlt es sich, in eine solche Vereinbarung ergänzend einen Ausschluss des Widerrufsrechts aufzunehmen. Damit stellen Sie sicher, dass es sich der Mieter nicht in letzter Minute anders überlegen kann.

Wird allerdings im Zuge der Gespräche deutlich, dass die Mieter nicht zum Auszug bereit sind oder auch aus Ihrer Sicht überzogene Forderungen stellen, müssen Sie abwägen, ob die Immobilie trotzdem für Sie infrage kommt oder ob Sie lieber auf den Kauf verzichten. Insbesondere der Faktor Zeit spielt hierbei – wie erwähnt – eine Rolle.

Besonderheiten in Eigentümergemeinschaften

Wer eine Eigentumswohnung erwirbt, wird damit zugleich Miteigentümer eines Gebäudes und Mitglied einer Gemeinschaft, die nach gesetzlich festgelegten, teils hochkomplexen Regeln funktioniert. Vor dem Wohnungskauf ist es unbedingt ratsam, sich mit den Besonderheiten dieser Eigentumsform und damit auch mit zusätzlichen Unterlagen zu befassen.

Die rechtliche Grundlage für das Miteinander von Wohnungseigentümern in einem gemeinschaftlichen Gebäude ist das Wohnungseigentumsgesetz – kurz: WEG. Dieses Gesetz beinhaltet Regeln zur Aufteilung des Eigentums und der Kosten, zu Rechten und Pflichten der einzelnen Eigentümer und der Verwaltung, aber auch zu Eigentumsversammlungen und Beschlussfassungen. Die WEG-Vorschriften sind für die jeweilige Eigentümergemeinschaft in der Teilungserklärung und der Gemeinschaftsordnung konkretisiert. Diese Dokumente sind so etwas wie ihre Verfassung, der Rahmen für das wirtschaftliche und soziale Miteinander.

Gemeinschafts- und Sondereigentum

Das Eigentum jedes Mitglieds der Eigentümergemeinschaft setzt sich zusammen aus seinem Miteigentum am Gemeinschaftseigentum und aus seinem Sondereigentum. Im Wohnungseigentumsgesetz ist festgelegt, welche Gebäudeteile Gemeinschaftseigentum und welche Sondereigentum sind beziehungsweise sein können. Danach gehören alle Teile des Gebäudes, die für dessen Bestand oder Sicherheit erforderlich sind, sowie Anlagen und Einrichtungen, die dem gemeinschaftlichen Gebrauch dienen, zum Gemeinschaftseigentum. Alle anderen Teile des Gebäudes können zum Sondereigentum erklärt werden. Das geschieht mit der Gründung des Wohneigentums in der Teilungserklärung und dem Aufteilungsplan. Dort ist genau definiert, was zum individuellen Sondereigentum gehört.

Kern des Sondereigentums ist die zu Wohnzwecken genutzte, in sich abgeschlossene Einheit. Darüber hinaus können weitere, ebenfalls baulich abgeschlossene Einheiten im Sondereigentum stehen. Dazu zählen beispielsweise Abstellräume im Keller oder Dachgeschoss. Diese Einheiten werden juristisch als Teileigentum bezeichnet.

Die Unterscheidung zwischen Gemeinschafts- und Sondereigentum ist maßgeblich dafür, welche Rechte und Pflichten der einzelne Eigentümer hat. Mit seinem Sonder- und Teileigentum kann jeder Wohnungseigentümer grundsätzlich tun, was er will. Allerdings kann die Teilungserklärung Einschränkungen vorsehen. Die Erhaltung des Sondereigentums muss der Eigentümer immer eigenständig und auf eigene Kosten vornehmen. Für das Gemeinschaftseigentum hingegen sind alle Eigentümer verantwortlich. Sie können nur gemeinsam Entscheidungen treffen und müssen auch gemeinsam die Kosten tragen. Wie die Stimmen gewichtet und die Kosten verteilt werden, das ist meist in der Gemeinschaftsordnung geregelt.

Teilungserklärung

Mit der Begründung von Wohnungs- und Teileigentum reicht der Eigentümer, Bauträger oder Privatisierer eine notariell beurkundete Teilungserklärung beim Grundbuch ein. Sie legt Inhalt und Umfang des Gemeinschaftseigentums und des Sondereigentums der einzelnen Wohnungs- und Teileigentümer fest. Die Teilungserklärung gilt oft über Jahrzehnte sowohl für die aktuellen als auch für künftige Wohnungseigentümer. Sie kann bis auf wenige Ausnahmen nach aktueller Rechtslage nur verändert werden, wenn alle Miteigentümer einverstanden sind.

Die Teilungserklärung bestimmt zunächst die Art, den Charakter und die Zweckbestimmung der Eigentumsanlage. Sie definiert also zum Beispiel, ob es sich um eine reine Wohnanlage, eine gemischte Wohn- und Geschäftsanlage, um eine Mehrhausanlage usw. handelt und ob Einrichtungen wie Tiefgarage, Lagerräume oder Gartenanteile dazugehören.

Außerdem legt die Teilungserklärung die Miteigentumsanteile (MEA) fest. Zur Berechnung der Miteigentumsanteile gibt es keine gesetzlichen Vorgaben. In der Regel wird dazu das Wohn- und Nutzflächenverhältnis hinzugezogen. Einer kleinen Wohnung werden also weniger Miteigentumsanteile zugewiesen als einer großen Wohnung. Der Miteigentumsanteil wird in Bruchteilen am Gemeinschaftseigentum ausgedrückt. Üblich ist die Angabe der Miteigentumsanteile in 1000stel. Das liest sich zum Beispiel so: 84/1000 und bedeutet, dass dem Eigentümer ein Anteil von 8,4 Prozent am Gesamtgebäude gehören.

Zur Teilungserklärung gehören eine Aufteilungsbeschreibung und regelmäßig auch ein exakter Aufteilungsplan. Darin werden die Miteigentumsanteile den einzelnen Einheiten des Wohnungs- bzw. Teileigentums zugeordnet. Üblicherweise werden die einzelnen Wohnungs- und Teileigentumseinheiten durchnummeriert. In den Bauzeichnungen des Aufteilungsplans sind die zu einem Wohnungseigentum gehörenden Räume immer mit der jeweils gleichen Nummer gekennzeichnet. So können Eigentümer erkennen, welcher Abstell- oder Kellerraum zu ihrer Einheit gehört. Alle Räume, Gebäudeteile und Grundstücksflächen, die mit keinem Miteigentumsanteil verbunden sind, verbleiben im Gemeinschaftseigentum. Wer eine Eigentumswohnung kauft, erwirbt also einen Miteigentumsanteil von x Bruchteilen am Grundstück in Verbindung mit dem Sondereigentum an den Räumen der Wohnung y und dem Sondernutzungsrecht am Abstellraum z. Oft haben Teilungserklärungen mehrere Anhänge. Das ist zum Beispiel dann der Fall, wenn offensichtliche Irrtümer der ursprünglichen Aufteilung – etwa die fehlerhafte Zuweisung von Garagenstellplätzen – nachträglich korrigiert worden sind.

Für den Käufer einer Eigentumswohnung ist nicht nur die Zuordnung der Räume und Bereiche wichtig. Sein Miteigentumsanteil ist von entscheidender Bedeutung, wenn es später darum geht, wie viel Gewicht seine Stimme bei Entscheidungen hat und welchen Anteil der Kosten er tragen muss.

Abgeschlossenheit/ Abgeschlossenheitserklärung

Sie gehört zur Teilungserklärung. Darin hat die Baubehörde bestätigt, dass sämtliche Wohneinheiten des Gebäudes baulich komplett voneinander getrennt sind.

Gemeinschaftsordnung

Die Gemeinschaftsordnung ist entweder Bestandteil der Teilungserklärung oder ein eigenständiges Dokument. Sie regelt Rechte und Pflichten der einzelnen Eigentümer untereinander und der Verwaltung gegenüber. Sie enthält etwa eine Vielzahl von Richtlinien für den ordnungsgemäßen und transparenten Ablauf von Eigentümerversammlungen wie etwa das Stimmkraft-Prinzip, Vertretungsregeln, Rahmenvorgaben für die Verwaltung und die Kontenkontrolle sowie die Kostenverteilung und oft auch Klauseln zur Erhaltungsrücklage.

Paradoxerweise wird die Gemeinschaftsordnung nicht von der Eigentümergemeinschaft aufgestellt (Ausnahme: Baugemeinschaften), sondern vom teilenden Eigentümer des Gebäudes oder von demjenigen, der die Umwandlung von Mietwohnungen in Wohnungseigentum vollzieht. Das birgt Risiken. Ist zum Beispiel der teilende Eigentümer des Gebäudes weiterhin Miteigentümer, kann er sich in der Gemeinschaftsordnung besondere Vorrechte eingeräumt haben. Eine Gemeinschaftsordnung nachträglich zu ändern, ist sehr schwierig und aufwendig und bis auf wenige Ausnahmen nur einstimmig durch alle Wohnungseigentümer möglich. Als Käufer einer Eigentumswohnung treten Sie der Gemeinschaft lediglich bei. Sie haben aber kaum noch Gestaltungsspielraum und müssen die Gemeinschaftsordnung so anerkennen, wie sie ist – oder auf den Kauf verzichten.

Die laufenden Geschäfte der WEG

Teilungserklärung und Gemeinschaftsordnung sind die Theorie. Wer eine Bestandswohnung kaufen will, muss jedoch auch wissen, wie beides in der WEG angewandt und gelebt wird. Vor allem alle Dokumente, die Auskunft über wirtschaftliche Vorgänge geben, sollten Sie sich genau anschauen.

Im **Wirtschaftsplan** sind die voraussichtlichen Einnahmen und Ausgaben der Gemeinschaft für das kommende Jahr, die Erhaltungsrücklage und der Gesamtfinanzierungsbedarf enthalten. Daraus ergibt sich die Umlage auf die einzelnen Eigentümer nach dem Kostenverteilungsschlüssel der Gemeinschaftsordnung, das sogenannte Hausgeld. Grundlage des Wirtschaftsplans sind einerseits die Kosten des Vorjahres und andererseits die Prognosen für das kommende Jahr.

Die oft sehr umfangreiche **Jahresabrechnung** umfasst eine Gesamtabrechnung und eine Einzelabrechnung für jeden Wohnungseigentümer. Darin sind alle Einnahmen

UNSER RAT

Vorsicht bei Bauträger-Projekten!

Bei Neubauten ist der Bauträger anfangs oft selbst Verwalter oder bestimmt ihn in der Teilungserklärung für maximal drei Jahre. Das kann gefährlich sein, da der Bauträger oder ein von ihm gekürter Verwalter sich bei Baumängeln eher nicht für die Erwerber engagieren wird. Ist er allzu passiv oder schädigt er gar durch sein Handeln Eigentümer, kann er durch einfachen Mehrheitsbeschluss von seinem Amt abberufen werden. Seit der Reform des Wohnungseigentumsgesetzes geht das jederzeit und grundlos. Früher musste ein „wichtiger Grund" vorliegen.

und Ausgaben, Abrechnungsergebnisse und Hausgeldrückstände sowie die Entwicklung der Erhaltungsrücklage und des Sollvermögens dargestellt. Von Interesse sind dabei weit mehr als die Warmwasser-, Heiz- und Energiekosten. Fallen beispielsweise Nachzahlungen oder Erstattungen sehr gering aus, waren die Annahmen im zugrunde liegenden Wirtschaftsplan sehr realistisch. Oder: Ist eine hohe Erhaltungsrücklage vorhanden, dann wird der Anteil des künftigen Eigentümers an der nächsten Sanierung zwangsläufig geringer sein. Umgekehrt ist ein kleiner Topf für ein älteres, potenziell schadhaftes Haus bedenklich. Und wenn sich Hausgeldrückstände seitens eines oder mehrerer Miteigentümer häufen, so ist auch das ein Alarmzeichen. Die Folge: Die anderen drohen, auf ihren Gemeinschaftskosten sitzen zu bleiben – als Käufer möglicherweise auch Sie.

Mindestens einmal im Jahr versammeln sich die Eigentümer und fällen Beschlüsse. Die sind in den **Protokollen der Eigentümerversammlungen** festgehalten. Mindestens die Mitschriften der letzten drei Jahre sollten Sie studieren. Dort finden Sie Hinweise auf Reparaturen –, sowohl ausgeführte als auch noch anstehende -, auf strittige Fragen, beispielsweise über einen Wechsel des Verwalters, auf Miteigentümer oder Mieter, gegen die häufig Klage geführt wird, sowie auf die Störanfälligkeit der Haustechnik von der Abwasserpumpe bis zum Rolltor der Tiefgarage. Achten Sie besonders auf Beschlüsse zu künftigen Sonderumlagen, die dann möglicherweise auf Sie zukommen. Die Protokolle vermitteln auch einen guten Eindruck vom Miteinander in der Gemeinschaft, der Stimmung unter den Eigentümern und dem Zusammenspiel von Eigentümergemeinschaft und Verwaltung. Stehen beispielsweise immer wieder dieselben Themen auf der Tagesordnung, ohne dass Beschlüsse gefasst werden, so klingt das nach mühsamen Entscheidungsprozessen.

Jede Gemeinschaft muss eine **Beschlusssammlung** führen. Hier finden Sie alle gefassten Beschlüsse und damit auch Informationen zu geplanten Vorhaben. Wenn in der jüngsten Versammlung entschieden wurde, einen Energieberater mit der Erstellung eines individuellen Sanierungsfahrplans zu beauftragen, ist das ein Signal, dass die Gemeinschaft energetische Verbesserungen angehen möchte. Auch gerichtliche Entscheidungen müssen enthalten sein.

Hat die Gemeinschaft einen Verwalter beauftragt hat, dann gehört auch der **Verwaltervertrag** zu den Unterlagen, die künftige Eigentümer kennen sollten. Er legt die Rechte und Pflichten des Verwalters und die Kosten der Verwaltung fest. Wenn die Qualifikation des Verwalters unklar oder zweifelhaft ist, prüfen Sie Protokolle, Abrechnungen und den Zustand des Hauses besonders genau.

Neben diesen Unterlagen sollten Sie auch einen Blick darauf werfen, wie die **Kommunikation in der WEG** läuft. Nutzt die Verwaltung ein Onlineportal oder eine App? Gibt es ein schwarzes Brett? Wie aktuell und umfangreich sind die zur Verfügung gestellten Informationen? Haben die Eigentümer eine Gruppe in einer Messaging-App eingerichtet? Wenn größere Maßnahmen anstehen oder auch Schwierigkeiten geklärt werden müssen, sind funktionierende Kommunikationskanäle eine unschätzbare Hilfe.

NUTZUNGSHINWEIS

Formular H: Wohnungseigentümergemeinschaft

In unserer Checkliste finden Sie die wichtigsten WEG-Unterlagen und Prüfpunkte auf einen Blick.

Ein Blick hinter die Kulissen

Wohnungseigentümer bilden in der Regel eine durchaus heterogene Gruppe aus Personen mit unterschiedlichem sozialen, familiären und beruflichen Hintergrund, Alter und finanziellen Möglichkeiten, persönlichen Präferenzen und personalen Kompetenzen. Daraus ergeben sich zwangsläufig oft divergierende Umgangsweisen mit dem Eigentum. Das macht die Beschlussfassung in nahezu jeder Gemeinschaft zu einem komplexen, oft konfliktbehafteten und meist langwierigen Prozess.

Gemeinsam ist Selbstnutzern und Vermietern das Interesse an einer möglichst zu Beginn des Ruhestandes schuldenfreien Wohnung, ihrer kostengünstigen Bewirtschaftung und einer guten Verwaltung der Eigentumswohnanlage. Und die geringe Bereitschaft, sich für Ihr Eigentum zu verschulden. Das liegt nicht zuletzt am Alter. Der durchschnittliche Wohnungseigentümer ist nach Berechnungen des Bundesinstituts für Bau-, Stadt- und Raumforschung (BBSR) 58,3 Jahre alt. Komplettsanierungen lassen sich jedoch aus der Portokasse kaum stemmen. Entsprechend wird das Gebäude einer WEG meist eher kleinteilig saniert.

Zwischen den beiden Nutzergruppen gibt es auch deutliche Unterschiede: Wer in der eigenen Wohnung lebt, legt Wert auf Wohnkomfort und individuelle Aspekte wie altersgerechte Gestaltung. Viele Selbstnutzer planen, den Rest ihres Lebens in dieser Wohnung zu verbringen. Sie haben eine hohe emotionale Bindung an die eigenen vier Wände und ihre Umgebung. Auch das Miteinander der Hausgemeinschaft ist für sie wichtig. Häufig sind selbstnutzende Eigentümer die Treiber für Sanierungen oder andere Veränderungen. Vermietende Eigentümer hingegen haben vor allem bei der Bewertung der Wirtschaftlichkeit von Investitionen einen anderen Blickwinkel als Selbstnutzer. Für sie ist die langfristige Sicherung der Mieteinnahmen durch reibungslose Mietverhältnisse entscheidend.

Eine Sonderstellung nimmt in vielen Gemeinschaften der Verwaltungsbeirat ein. Er besteht oft aus drei Mitgliedern und wird durch Mehrheitsbeschluss in der Eigentümerversammlung gewählt. Die Befugnisse dieses Gremiums sind gesetzlich geregelt, können jedoch in der Gemeinschaftsordnung erweitert werden. Die Beiratsmitglieder können Anliegen, Bedenken und Anregungen, Fragen und Kritik von allen sammeln und in die Arbeit der Verwaltung einbringen.

Die zweite Akteursgruppe neben den Eigentümern sind die Mieter. Sie haben zwar keine Entscheidungskompetenz, sind aber eine wichtige Größe im Miteinander. Ein querulatorischer Mieter kann eine sonst harmonische Bewohnerschaft aufmischen oder dem direkt neben ihm wohnenden Selbstnutzer das Leben zur Hölle machen. Ein konstruktiver Mieter hingegen kann die Brücke zu seinem sonst schwer erreichbaren Vermieter schlagen.

Der dritte Player ist in den meisten Gemeinschaften eine gewerbliche Wohnimmobilienverwaltung. Die Rechte und Pflichten der Verwaltungen sind im Wohnungseigentumsgesetz festgeschrieben. Aus der Gemeinschaftsordnung, der Rechtsprechung, dem Verwaltervertrag und den Beschlüssen der Eigentümerversammlung können sich weitere Aufgaben ergeben. Die Verwaltervergütung und besondere Verwalterleistungen sind im Verwaltervertrag geregelt.

Die Zusammensetzung, die Gewichte der Interessen und die Kommunikation von Eigentümern, Mietern und Verwaltung sind sowohl für das alltägliche Zusammenleben als auch für die Gestaltung von Veränderungen entscheidend. Für Kaufinteressierte ist deshalb wichtig, sich möglichst ein Bild von den genannten sozialen Aspekten zu machen. Nehmen Sie sich ausreichend Zeit für Gespräche – nicht nur mit dem bisherigen Eigentümer, sondern auch mit der Verwaltung, dem Verwaltungsbeirat und mit Nachbarn. Fragen Sie dabei auch nach gelaufenen oder aktuellen Gerichtsverfahren, Urteilen und ihren Begründungen. Viele Eigentümergemeinschaften sind frei davon, manche streiten sich permanent. Klagt ein bestimmter Eigentümer oft, ist er wahrscheinlich der Querulant im Haus. Vielleicht ist ein Gespräch mit ihm besonders erhellend? Letztlich müssen Sie abwägen, ob Sie selbst in das Gefüge passen. Allerdings kann das immer nur eine Momentaufnahme sein. Eigentümer und Mieter werden im Laufe der Jahre wechseln.

Kaufpreis bewerten und verhandeln

Der Kauf eines Hauses oder einer Eigentumswohnung ist eine der größten Investitionen im Leben. Nicht selten gibt letztlich der Preis den Ausschlag. Der im Angebot genannte Preis ist nicht in Stein gemeißelt. Feilschen ist zwar nicht jedermanns Sache. Doch im aktuellen Käufermarkt gibt es mancherorts Verhandlungsspielraum.

Im Idealfall haben Sie zu Beginn der Suche nach Ihrem Eigenheim nicht nur Ihren finanziellen Rahmen festgelegt, sondern sich auch mit dem Immobilienmarkt insgesamt und besonders mit Angebot und Nachfrage in der Region der Wahl beschäftigt (siehe „Suchstrategie", ab S. 24). Das dabei gewonnene Wissen können Sie jetzt anwenden: Sie haben eine Vorstellung von einem realistischen Preisniveau. Das bewahrt Sie davor, voreilig bei einem überteuerten Angebot zuzuschlagen.

Den Verhandlungsspielraum sondieren

Die meisten Eigentümer bieten ihre Immobilie erst einmal zu einem Preis an, der ihren Wunschvorstellungen entspricht. Eine Faustregel, wie viel Puffer dabei eingepreist ist, gibt es nicht. Interessenten müssen sich also an die Frage herantasten, ob ein Verhandlungsspielraum vorhanden ist und wie groß dieser ausfällt. Immerhin hat eine Umfrage von Innofact im Auftrag von Immoscout24 im Jahr 2022 belegt: Deutschlandweit gingen 76,4 Prozent der Kaufinteressenten in Verhandlungen, 56,6 Prozent von ihnen waren dabei erfolgreich. In mehr als der Hälfte der Fälle haben sie Preisnachlässe von mehr als 10 Prozent erreicht.

Hilfreich ist auf jeden Fall, die Motivation des Eigentümers für den Verkauf zu kennen. Wer schnell verkaufen will – etwa weil ein Umzug ins Ausland ansteht oder die Veräußerung Teil einer Wertaufteilung in einem Scheidungsverfahren ist –, wird eher bereit sein, beim Preis Kompromisse zu machen. Das gilt auch für einen Verkäufer, der vielleicht seit Monaten keinen Käufer findet. Wenn eine Maklerin im Spiel ist, fragen Sie diese nach der Zahl der Interessenten und auch danach, wie lange die Immobilie schon auf dem Markt ist. Und wenn aktuell gerade mehrere vergleichbare Häuser in der Nachbarschaft zum Verkauf angeboten werden, ist das ein gutes Argument für einen Preisnachlass.

UNSER RAT

Unnötige Kosten vermeiden

Bevor Sie einen Gutachter beauftragen, sollten Sie sich beim Verkäufer erkundigen, ob er möglicherweise seinerseits einen Experten mit einer Bewertung beauftragt hat. Schließlich hat der Verkäufer – zumindest wenn es sich um eine Privatperson handelt – dasselbe Problem wie Sie: Er muss einen realistischen Angebotspreis benennen.

Einen eigenen Preisvorschlag entwickeln

Vor dem Gespräch mit dem Verkäufer müssen Kaufinteressierte zwei Größen definieren – den Preis, mit dem sie die Verhandlungen beginnen, und die Schmerzgrenze, bis zu der sie zu gehen bereit sind. Zunächst gilt es, einen angemessenen Preis vorzuschlagen. In der Marktrecherche zu Beginn Ihrer Immobiliensuche haben Sie die ortsüblichen Preisspannen für vergleichbare Objekte in Erfahrung gebracht. Die Wunschvorstellung des Verkäufers liegt weit darüber? Dann haben Sie hier einen ersten Start für Verhandlungen. Hilfreich ist natürlich, wenn Sie Ihre Einschätzung belegen können. Weitere Ansatzpunkte haben sich vermutlich in der Auseinandersetzung mit der Immobilie ergeben: Die Kommune plant demnächst ein Gewerbegebiet in der Nähe, sodass mit erhöhtem Verkehrsaufkommen zu rechnen ist. Bei der Besichtigung haben Sie erkannt, dass die angepriesene Einbauküche längst in die Jahre gekommen ist. Die begleitende Bausachverständige hat beziffert, mit welchen zusätzlichen Kosten Sie für die absehbar fällige Heizungserneuerung rechnen müssen. All das sind schlagkräftige Argumente, um den Kaufpreis herunterzuhandeln.

Besonders eindrucksvoll ist natürlich ein Wertgutachten. Kein Kaufinteressent wird für alle Immobilien, die er besichtigt, eine solche Analyse anfertigen lassen. Das kostet zu viel Zeit und Geld. Für das Wunschhaus ist es jedoch durchaus eine Überlegung wert, eine Sachverständige für Wertermittlung hinzu zu ziehen. Sie greift auf offizielle Daten wie die der Gutachterausschüsse zurück, hat jedoch mehr Möglichkeiten als Laien. Zudem kann sie die Informationen dank ihrer Berufserfahrung und Marktübersicht fundierter bewerten.

Sachverständige für Immobilienbewertung sind über den Bundesverband öffentlich bestellter und vereidigter Sachverständiger (bvs-ev.de), die Industrie- und Handelskammern (ihk.de) und die örtlichen Gutachterausschüsse zu finden. Bei der Beauftragung müssen Sie vereinbaren, welche Leistung die Expertin erbringen soll. Ein Immobilienwertgutachten kann unterschiedlich umfangreich ausfallen. Das schlägt sich in den Kosten nieder. Als Grundlage für eine Kaufpreisverhandlung ist eine gutachterliche Stellung-

UNSER RAT

Wie belastbar ist die persönliche Obergrenze?

Es kann durchaus passieren, dass Sie im Zuge dieser Auseinandersetzung mit einem konkreten Hausangebot Ihre eingangs festgelegte Obergrenze runterschrauben, weil Sie feststellen, dass Sie an zahlreichen Stellen Abstriche von Ihren Vorstellungen machen müssen. Umgekehrt sollten Sie Ihre Schmerzgrenze jedoch auch dann nicht überschreiten, wenn Sie sich sehr in die konkrete Wohnung verliebt haben. Wenn Sie einen Preis akzeptieren, der den finanziellen Rahmen sprengt, bereuen Sie es später (siehe „Finanzieren", ab S. 59).

nahme gut geeignet. Das Honorar dafür kann 1000 oder auch 1500 Euro betragen.

Soll das Dokument jedoch beispielsweise in einer Erbauseinandersetzung verwendet werden, dann wird es teurer. Um den Anforderungen zu genügen, welche die Rechtsprechung an ein Gutachten stellt, muss es nach den allgemein anerkannten und angewandten Regeln der Schätzlehre angefertigt werden. Sie sind in der am 1. Januar 2022 in Kraft getretenen neuen Immobilienwertverordnung (ImmoWertV) amtlich niedergelegt. Diese regelt vor allem drei allgemein anerkannte Verfahren, die in der überwiegenden Zahl der Gutachten angewendet werden: das Vergleichswertverfahren, das Ertragswertverfahren und das Sachwertverfahren.

Individuelle Gewichtungen vornehmen

Selbst mit ausgefeilten Hilfsmitteln und den fachkundigsten Experten werden Sie keinen exakten Wert für Ihre Wunschimmobilie erhalten, sondern immer nur eine Preisspanne. Das liegt zum einen an der Dynamik des Immobilienmarktes. Werte, die heute auf Basis von Verkäufen des vorigen Monats ermittelt wurden, verlieren an Belastbarkeit, wenn Sie morgen, in einem Monat oder einem halben Jahr kaufen. Damit hinkt die Datengrundlage immer hinterher. Zum anderen basiert der Wert, den eine Immobilie für den Käufer hat, nicht nur auf objektiven, sondern auch auf subjektiven Kriterien. Die gilt es nun für die konkrete Immobilie zu beleuchten: Für den besonderen Ausblick aus dem Wohnzimmer sind Sie vielleicht bereit, etwas mehr zu zahlen. Und auch die optimale Busverbindung zum Arbeitsplatz ist viel wert. Andererseits ist die Küche lang und schmal geschnitten, was das gemeinsame Kochen erschwert. Solche ganz persönlichen Faktoren lassen sich nicht allgemein in Euros bemessen. Nur Sie selbst können gewichten.

Nicht unter Druck setzen lassen

Manch ein Verkäufer steht unter Zeitdruck, beispielsweise weil eine Immobilie im Zuge eines Scheidungsverfahrens veräußert werden muss. Wenn Sie an einer solchen Immobilie Interesse haben, werden Sie sich bemühen, dem Eigentümer entgegenzukommen. Unter Druck setzen lassen sollten Sie sich jedoch nicht. Das gilt vor allem dann, wenn für Sie kein Grund zur Eile erkennbar ist. Es gibt durchaus auch Anbieter, die einen Zeitdruck künstlich aufbauen, gerade bei Objekten mit Mängeln. Achtungszeichen sind, wenn das Haus schon länger oder von mehreren Maklern angeboten wird oder wenn Sie einen raschen Besichtigungstermin geradezu aufgedrängt bekommen.

Eine recht neue (Un-)Sitte vor allem in begehrten Immobilienmärkten ist das Bieterverfahren. Der Anbieter nennt gar keinen Preis oder nur einen Referenzpreis. Die Interessenten besichtigen die Immobilie – oft in einem Sammeltermin – und werden dann aufgefordert, in einem festgelegten Zeitraum ein Angebot abzugeben. Der Verkäufer legt die Regeln fest. Er entscheidet, welche Interessenten mitmachen dürfen. Er kann alle Gebote geheim halten, aber auch die Bieter anonymisiert über die Gebote anderer beziehungsweise das Höchstgebot informieren und erlauben, dass sie ihre Offerte nachbessern. Nach Ende des Verfahrens überlegt der Eigentümer, ob, an wen und zu welchem Preis er verkaufen will. Für Interessenten gleicht das einem Pokerspiel. Es ist ihrem Fingerspitzengefühl und ihrem Drang zum Objekt überlassen, wie viel sie bieten. Wenn Sie sich auf ein solches Verfahren einlassen, sollten Sie unbedingt Ihren Maximalpreis definieren und diesen keinesfalls überschreiten.

Viele Kaufinteressierte hoffen, sich ein Haus oder eine Wohnung mit einem Vorvertrag oder mit einer Reservierungsvereinbarung sichern zu können. Oft zahlen sie dafür drei- oder vierstellige Beträge an Maklerbüros oder Bauträger. Doch Vorsicht: Ohne Abschluss bei der Notarin ist eine solche Vereinbarung für beide Seiten unverbindlich. Lassen Sie sich nie beschwatzen, eine solche Vereinbarung spontan bei der Besichtigung zu unterschreiben. Wer Sie dazu nötigen will, ist unseriös. Lassen Sie den Text vor Ihrer Unterschrift von einer rechtskundigen Beraterin prüfen – und wenn auf die AGB der Maklerin verwiesen wird, auch diese. Der Bundesgerichtshof hat übrigens 2023 entschieden, dass Makler keine erfolgsunabhängigen Reservierungsgebühren vereinbaren dürfen. Platzt der Kauf, ist die Reservierungsgebühr zurückzuzahlen.

Finanzieren

Zu Beginn der Haussuche hatten Sie mit einem ersten Kassensturz einen realistischen finanziellen Rahmen abgesteckt. Mit der Entscheidung für eine bestimmte Immobilie müssen Sie konkret klären: Welche Kosten kommen auf Sie zu? Wie groß ist die Lücke zwischen Eigenkapital und Erwerbskosten? Wie lässt sich diese schließen?

Budgetplanung

Zunächst gilt es, den Finanzierungsbedarf möglichst genau zu ermitteln. Der Kaufpreis macht in den meisten Fällen den größten Batzen aus. Doch es wäre ein fataler Fehler, ein Finanzierungskonzept allein auf diese Größe auszurichten.

Finanzierungsbedarf

Von diversen Kaufnebenkosten war auf den vorherigen Seiten bereits ausführlich die Rede. Viele dieser Posten werden als Anteile des Kaufpreises fällig. Das gilt für die Grunderwerbsteuer, die Notar- und Grundbuchgebühr und gegebenenfalls die Maklercourtage. Jetzt, wo Sie den Kaufpreis kennen, können Sie mit konkreten Summen rechnen. Das macht Ihr Finanzierungskonzept um einiges belastbarer.

Bei einem Altbau können erhebliche Sanierungskosten hinzukommen. Die Schätzungen eines Bauherrnberaters sind dafür eine gute Grundlage. Falls Sie bereits die Gelegenheit hatten, die Immobilie mit Fachfirmen zu begehen, und von diesen Kostenangebote vorliegen – umso besser. Und bei einer Eigentumswohnung kann demnächst eine Sonderumlage für eine größere Sanierung anstehen, die unbedingt mit eingeplant werden muss.

Unter Umständen sind nicht alle Baumaßnahmen direkt zum Einzug erforderlich. Dringend notwendige Arbeiten vor allem an der Gebäudehülle und der Haustechnik werden schon aus praktischen Gründen sinnvollerweise vor dem Einzug erledigt. Renovierungsarbeiten wie etwa die Erneuerung eines Fußbodens hingegen können vielleicht noch fünf Jahre warten. Solche möglichen Staffelungen sollten Sie im Blick haben.

Ein weiterer größerer Posten sind meist Einrichtungsgegenstände: Die Einbauküche aus der Mietwohnung können Sie schlecht mitnehmen. Der Flurschrank passt vielleicht nicht in die vorhandene Nische. Und der Wohnortwechsel lässt sich gut damit verbinden, dass beide Kinder ihr eigenes Zimmer bekommen, mit zusätzlichen Möbeln.

Vergessen Sie auch nicht, was Sie hinter sich lassen: In manch einem Mietvertrag ist eine Renovierung beim Auszug vereinbart. Auch wer aus einer eigenen Immobilie auszieht, um sie zu anschließend verkaufen oder zu vermieten, muss diese in der Regel auffrischen.

Und schließlich sind da noch Umzugskosten. Innerhalb derselben Stadt kommen Sie möglicherweise mit 2500 Euro hin. Ein Wohnortwechsel über mehrere Hundert Kilometer wird dagegen schnell doppelt so teuer. Planungssicherheit gibt auch hier ein Kostenvoranschlag. Achten Sie dabei auf eine ausreichend lange Bindungsfrist. Bis es so weit ist, dauert es sicherlich noch einige Wochen.

UNSER RAT

Neues Mobiliar – ja oder nein?

Einrichtungsgegenstände eignen sich gut als Puffer: Es mag zwar praktisch sein, alte Möbel gar nicht erst umzuziehen, sondern lieber passend zum neuen Haus zu erwerben. Zugleich sind jedoch viele Neuanschaffungen verschiebbar. Wenn es finanziell eng wird, lässt sich an dieser Stelle erstmal sparen.

Monatliche Belastbarkeit

Selten lässt sich ein Hauskauf allein mit Eigenkapital stemmen. Ohne Darlehen geht es meist nicht. Egal, ob Sie sich für einen KfW-Förderkredit oder ein günstiges Angebot Ihrer Hausbank entscheiden oder auch mehrere Kredite mit unterschiedlichen Laufzeiten und Konditionen kombinieren möchten – zunächst müssen Sie klären: Wie viel Geld können Sie monatlich für Zins und Tilgung eines Darlehens erübrigen?

Um das zu herauszufinden, brauchen Sie einen umfassenden Überblick über Ihr Budget. Den verschaffen Sie sich am besten mit einer Aufstellung aller Einnahmen und Ausgaben, die Sie in Ihrem Haushalt – sei es als Einzelner, als Paar oder als Familie – durchschnittlich im Monat haben. Vergessen Sie nicht all jene Posten, die viertel-, halb- oder ganzjährlich anfallen. Bei diesen dividieren Sie die Beträge jeweils durch die Anzahl der Monate, um auf den Durchschnittswert pro Monat zu kommen.

Falls Sie eine private Buchführung betreiben, ist das eine ideale Grundlage für eine solche Übersicht. Andernfalls nehmen Sie sich Ihre Kontoauszüge vor. Wichtig ist, dass Sie das gesamte Jahr betrachten, um auch alle Jahresbuchungen oder außergewöhnliche Ausgaben etwa für den Urlaub zu erfassen.

Falls sich absehbar in den kommenden Jahren die Lebensumstände eines Haushaltsmitgliedes gravierend verändern, sollten Sie versuchen, das zu berücksichtigen. Wenn ein weiteres Kind unterwegs ist, müssen Sie mit zusätzlichen Ausgaben rechnen. Die lassen sich schwer beziffern, aber zumindest mit Mittelwerten einbringen.

Wenn Sie wissen, dass entweder Einnahmen oder Ausgaben im vergangenen Jahr außergewöhnlich hoch oder besonders niedrig waren, sind Sie gut beraten, auch das in Ihrer Budgetrechnung zu berücksichtigen. Eine gute Möglichkeit ist dann ein Mehrjahresvergleich. Das macht zwar recht viel Arbeit, gibt Ihnen aber Planungssicherheit.

AUSFÜLLHINWEIS

Formular I: Finanzierungskonzept

Unser Formular hilft Ihnen Schritt für Schritt bei der Entwicklung eines Finanzierungskonzepts. Zuerst präzisieren Sie die Investitionskosten. Davon ziehen Sie Ihr verfügbares Eigenkapital ab. Jetzt wissen Sie, wie viel Geld Sie noch benötigen. In den meisten Fällen wird der Finanzierungsbedarf durch ein oder mehrere Darlehen gedeckt. Wichtig ist nun, wie hoch die Kreditrate sein darf. Mit einer übersichtlichen Aufstellung von Einnahmen und Ausgaben ermitteln Sie Ihre maximale monatliche Belastbarkeit.

Aus der Gegenüberstellung von Einnahmen und Ausgaben ergibt sich Ihre monatliche Belastungsgrenze. Das ist der Betrag, den Sie maximal pro Monat zur Begleichung eines Darlehens aufbringen können.

Angemessene Kreditrate

Wenn es später an Gespräche mit Banken geht, mag es verlockend sein, ein wenig aufzurunden. Das sollten Sie auf keinen Fall tun: Wenn Sie demnächst Eigentümer einer Immobilie sind, werden ohnehin diverse Kosten auf Sie zukommen, die Sie zum jetzigen Zeitpunkt noch nicht abschätzen können. Dafür benötigen Sie einen ausreichenden Puffer.

Bei allem Sicherheitsdenken ist es jedoch auch nicht empfehlenswert, eine Kreditrate festzulegen, die weit unter Ihrer monatlichen Belastbarkeit liegt. Der Preis dafür wäre, dass es sehr lange dauert, bis der Kredit abbezahlt ist. Gefragt ist also ein realistisches Maß.

Förderkredite und andere Darlehen

Der Staat unterstützt den Immobilienerwerb mit Förderkrediten. Ergänzend oder auch alternativ kommt ein Darlehen der Hausbank infrage. Doch bevor Sie Angebote einholen und konkrete Konditionen vergleichen können, müssen Sie das für Sie optimale Finanzierungsmodell finden.

Voraussetzung dafür ist ein wenig Basiswissen über Immobiliendarlehen. Zum einen gibt es unterschiedliche Kreditformate. Zum anderen bieten die Banken jeweils eine Vielzahl an Gestaltungsmöglichkeiten an.

Kreditvarianten

Die einen können schnell abbezahlen, die anderen müssen den Kredit lang strecken. Und wieder andere haben einen zahlungsreifen Bausparvertrag in Aussicht und brauchen nur eine Überbrückung bis zur Auszahlung. Für all diese Fälle gibt es unterschiedliche Darlehensarten.

In den allermeisten Fällen wird der Hauskauf mit einem sogenannten **Annuitätendarlehen** finanziert. Der Kunde zahlt gleichbleibende monatliche Raten zurück. Sie setzen sich aus der Tilgung und den Zinsen zusammen. Die Höhe des Zinses wird für die sogenannte Zinsbindung fest vereinbart. Mit jeder Rate sinkt die Restschuld. Dadurch verringern sich in der nächsten Rate die zu zahlenden Zinsen. Weil die Rate konstant bleibt, steigt automatisch mit jeder Zahlung der Tilgungsanteil.

Ein solcher Kredit hat viele Vorteile: Die konstanten Raten sind gut planbar. Das Risiko einer Zinserhöhung ist ausgeschlossen. Das Angebot der Darlehensgeber ist so groß und vielfältig, dass es für fast jeden Finanzierungswunsch den passenden Kredit gibt.

Ein Annuitätendarlehen lässt sich als **Volltilgerdarlehen** gestalten. Dann zahlen Sie die komplette Schuld innerhalb der Zinsbindung zurück. Allerdings bieten nur wenige Banken Volltilgerdarlehen mit Laufzeiten von mehr als 20 Jahren an. Bei einer nicht allzu hohen Kreditsumme ist eine solche Konstruktion vorstellbar.

Meist läuft es beim Hauskauf jedoch auf ein Annuitätendarlehen hinaus, das nach Ablauf der Zinsbindung noch nicht vollständig abbezahlt ist. Für die dann benötigte **Anschlussfinanzierung** gibt es unterschiedliche Möglichkeiten. Wenn das Timing stimmt und gerade eine größere Geldanlage frei wird oder ein Bausparvertrag zuteilungsreif ist, können Sie die Restschuld damit begleichen. Alternativ können Sie auch ein weiteres Annuitätendarlehen abschließen.

Die Alternative zum Annuitätendarlehen ist ein **endfälliges Darlehen**. Das wird am Ende seiner Laufzeit auf einen Schlag beglichen. Bis dahin zahlen Kunden keine Tilgung, sondern nur Zinsen. Da sich die Schulden also nicht verringern, sind die Zinsen konstant hoch. Unterm Strich zahlen Kreditnehmer damit mehr Zinsen als bei einem Annuitätendarlehen. Als Übergangslösung kann ein solches Darlehen dennoch sinnvoll sein, nämlich beispielsweise dann, wenn der Bausparvertrag erst in ein paar Monaten zuteilungsreif oder eine bestehende Geldanlage nicht vorzeitig kündbar ist.

Zins und Tilgung

Ihre monatliche Belastbarkeit kennen Sie bereits. Damit steht die maximale Monatsrate fest. Sie setzt sich bei dem weit verbreiteten Annuitätendarlehen aus dem Zins und der Tilgung zusammen.

Der Zins ist das Entgelt, das die Bank dafür verlangt, dass sie Ihnen Geld leiht. Die Höhe der Zinsen wird durch den Zinssatz definiert. Dabei handelt es sich um den stets gleichen Prozentsatz der aktuellen Kreditschuld. Banken geben unterschiedliche Arten von Zinsen an. Für Kreditnehmer ist der sogenannte effektive Jahreszins maßgeblich. Er enthält alle Kosten für das Darlehen. Der Zinssatz wird im Kreditvertrag vereinbart.

Der Zins gehört zu den größten Kostenfaktoren einer Immobilie. Schon ein halber Prozentpunkt Unterschied zwischen zwei Krediten kann sich über die Jahre zu einem Kostenunterschied von weit über 10 000 Euro auswachsen. Zwar richtet sich der Zinssatz zunächst nach dem allgemeinen Marktniveau zum Zeitpunkt des Kreditabschlusses. Aber auch die Kreditwürdigkeit des Kunden spielt eine Rolle: Je höher das Risiko für die Bank ist, dass sie ihr Geld nicht zurückbekommt, umso höher ist der Zinssatz. Damit kann die Bank im Notfall Verluste ausgleichen. Sowohl eine hohe Kreditsumme als auch eine lange Laufzeit erhöht daher den Zinssatz. Umgekehrt fällt er bei einem hohen Eigenkapitalanteil niedriger aus. Und wenn Sie den Zinssatz für fünf oder zehn Jahre festschreiben, zahlen sie deutlich weniger Zins als bei 15 oder gar 20 Jahren Bindung. Die kurze Bindung ist allerdings für Kunden mit einem Risiko behaftet: Ist nach dieser Zeit der Marktzins deutlich gestiegen, kann Ihre Monatsrate für einen Anschlusskredit in die Höhe schießen. Auch durch zusätzliche Sicherheiten (etwa eine Lebensversicherung) oder Bürgschaften von solventen Verwandten können Sie in der Regel den Zinssatz reduzieren.

Die **Tilgung** ist der Anteil eines Darlehens, der die geliehene Summe begleicht. Beim Abschluss des Kreditvertrags vereinbaren Sie mit Ihrer Bank, wie viel Prozent des Darlehens Sie am Anfang tilgen wollen. Üblich ist eine Mindesttilgung von 1 oder 2 Prozent. Je höher die anfängliche Tilgung ist, umso schneller werden Sie schuldenfrei. Der Tilgungssatz steigt bei einem Annuitätendarlehen mit jeder Kreditrate, da die Restschuld und mit ihr der Anteil der Zinsen an der Rate sinkt.

UNSER RAT

Beispielrechnung: Zins und Tilgung im Annuitätendarlehen

Sie haben einen Kredit von 100 000 Euro zu einem effektiven Jahreszins von 2,4 Prozent Zinsen (0,2 Prozent pro Monat) aufgenommen und eine monatliche Rate von 500 Euro vereinbart.
Dann zahlen Sie im ersten Monat 200 Euro Zinsen, die restlichen 300 Euro fließen in die Tilgung. Somit sinkt die Restschuld auf 99 700 Euro.
Im zweiten Monat verringern sich die Zinsen etwas auf 199,40 Euro (199 700 Euro x 0,2 Prozent), die Tilgung erhöht sich auf 300,60 Euro.
Mit jedem Monat verringert sich also die Gesamtschuld, was die Zinszahlung verringert und – dank der gleichbleibenden Rate – den Tilgungsanteil erhöht. Ihr Schuldenabbau beschleunigt sich. Gegen Ende der Laufzeit sind Sie fast schuldenfrei: Ihre letzten Raten bestehen dann fast nur noch aus Tilgung.

Besonderheiten bei Förderkrediten

Für private Immobilienerwerber können die Förderkredite des Bundes spannend sein. Sie sind allerdings an zusätzliche Bedingungen geknüpft.

Für den Kauf einer Bestandsimmobilie gibt es aktuell (Stand: April 2025) drei bundesweite Förderdarlehen, die allesamt von der staatlichen Förderbank KfW abgewickelt werden.

➔ **„Wohneigentum" (KfW 124):** Antragsberechtigt sind alle Privatpersonen, die eine Wohnimmobilie erwerben, bauen, modernisieren oder umbauen und anschließend selbst bewohnen wollen. Das maximale Kreditvolumen beträgt 100 000 Euro. Den effektiven Jahreszins ab 3,7 Prozent kann vermutlich manch eine Hausbank toppen.

➔ **„Wohneigentum für Familien – Bestandserwerb, Jung kauft Alt" (KfW 308):** Dieses Programm richtet sich an junge Familien mit einem zu versteuernden Jahreshaushaltseinkommen von bis zu 90 000 Euro, die das Haus selbst nutzen möchten. Ab dem zweiten Kind steigt die Einkommensgrenze um 10 000 Euro mit jedem Kind. Der maximale Kredit liegt – abhängig von der Kinderzahl – zwischen 100 000 und 150 000 Euro. Förderfähig ist der Kauf einer Immobilie mit schlechtem energetischem Standard (Effizienzklasse F, G oder H). Die neuen Eigentümer müssen das Haus innerhalb von viereinhalb Jahren nach dem Kauf so sanieren, dass mindestens der Effizienzhausstandard 70 EE (Erneuerbare-Energien-Klasse) erreicht wird. Für die Sanierung dürfen sie weitere Fördermittel nutzen. Mit effektiven Zinsen ab 0,44 Prozent bietet KfW 308 herausragend günstige Bedingungen.

➔ **„Wohngebäude" (KfW 261):** Dieses Programm können neben Sanierern auch Käufer einer frisch sanierten Bestandsimmobilie beantragen. Sie können damit den Sanierungskostenanteil am Kaufpreis finanzieren. Das geht aber nur, wenn dieser beispielsweise im Kaufvertrag gesondert ausgewiesen ist. Mit einem effektiven Jahreszins ab 2,24 Prozent ist das Programm auf jeden Fall spannend.

Diese KfW-Kredite sind in zwei Formen verfügbar – als Annuitätendarlehen mit einer tilgungsfreien Anlaufzeit zwischen einem und fünf Jahren und einer Laufzeit von bis zu 30 Jahren beziehungsweise 35 Jahren oder als endfälliges Darlehen mit einer Laufzeit bis zu 10 Jahren.

Neben dem Bund fördern auch Länder und einzelne Kommunen den Erwerb von Wohneigentum. In der Förderdatenbank des Bundeswirtschaftsministeriums unter foerderdatenbank.de können Sie infrage kommende Programme recherchieren. Das geht am einfachsten, indem Sie das Fördergebiet auf „bundesweit" und Ihr Bundesland eingrenzen. In der Rubrik „Förderbereich" wählen Sie zunächst „Wohnungsbau & Modernisierung" und dann den Unterbereich „Wohnungsbau & Erwerb". Und schließlich markieren Sie im Filter „Förderberechtigte" die Rubrik „Privatpersonen". Die Ergebnisse sind als Liste dargestellt. Für Details wird auf die Seiten der Geldinstitute verlinkt.

Vergleich von Kreditangeboten

Früher kam das Darlehen meist von der nahe gelegenen Bank. Doch das Internet und steigende Konkurrenz haben die Auswahl an möglichen Geldgebern vervielfacht. Der Vergleich kann sich lohnen.

Sie haben jetzt einen guten Überblick über Ihre Mittel und Ihren Finanzierungsbedarf und eine Einschätzung dazu, wie Sie ein Darlehen gestalten möchten. Die Vorbereitungen sind damit abgeschlossen. Es wird Zeit, geeignete Kreditanbieter zu suchen und Angebote einzuholen.

Günstige Geldgeber finden

Immobilienkredite werden von Banken und Sparkassen, aber auch Bausparkassen und Versicherungsinstituten vergeben. In kaum einem anderen Lebensbereich lohnt sich der Preisvergleich so sehr wie bei der Immobilienfinanzierung. Kleine Unterschiede im Zins verstärken sich über die Jahrzehnte und können Beträge von mehreren Zehntausend Euro ausmachen. Auch die übrigen Konditionen spielen eine Rolle. Wer unerwartet plötzlich Geld auf der Hand hat, möchte seinen Kredit vielleicht auf einen Schlag verkleinern, um schneller schuldenfrei zu werden – doch der Vertrag muss solche Sondertilgungen auch erlauben. Machen Sie es sich auf dem Weg zu Ihrem Darlehen also nicht zu leicht und suchen Sie gründlich nach dem günstigsten Geldgeber.

Der Preisvergleich beginnt heute wie so vieles im Internet. Dort finden sich Informationen zur aktuellen Lage am Kreditmarkt. Kostenlose Online-Kreditrechner ermitteln aus einer Vielzahl von Anbietern die günstigsten Angebote. Dafür müssen Kunden mindestens die Kreditsumme und die gewünschte Laufzeit benennen, oft aber noch weitere, teils sehr persönliche Daten preisgeben. Als Ergebnis erhalten Sie jedoch nicht immer den Namen eines Kreditinstituts, sondern häufig nur eine Berechnung mit der Option, per Mausklick ein Angebot anzufordern. Wer das nicht möchte, kann solche Tools also bestenfalls zur Orientierung nutzen, wie der Zinsmarkt gerade aussieht.

Auch die Stiftung Warentest stellt Informationen zu Immobilienkrediten zur Verfügung. Wir listen Monat für Monat die Zinsen von rund 70 Anbietern für einen Modellfall mit einem Kaufpreis von 400 000 Euro auf. Sie finden den Darlehensvergleich unter test.de/bauzinsen. Für Flatrate-Kunden ist der Abruf kostenlos. Zunächst wählen Sie, ob der Kreditanteil 60, 80 oder 90 Prozent des Kaufpreises ausmacht. Im folgenden Block bestimmen Sie, welche Anbietergruppe für Sie interessant ist. Lassen Sie ruhig im ersten Anlauf alle Anbietergruppen (bundesweite Filialbanken, Anbieter ohne bundesweites Filialnetz und regionale Anbieter) stehen, Sie können später immer noch in den Ergebnissen filtern. Als nächstes können Sie die Dauer der Zinsbindung (10, 15 oder 20 Jahre) vorgeben oder auch darauf verzichten und die Anbieter alphabetisch anzeigen lassen. Wenn Sie dann auf „Auswertung starten“ klicken, erscheinen trotzdem Werte für alle drei Zinsbindungsvarianten (10, 15 und 20 Jahre). Die Auswahl beeinflusst nur die Reihenfolge. Lassen Sie sich Zeit mit der Auswahl.

NUTZUNGSHINWEIS

Formular J: Unterlagen Kreditgespräch

Um eine Kreditanfrage zu prüfen, braucht die Bank umfangreiche Unterlagen. Manche Institute veröffentlichen dafür Checklisten. Ansonsten sind Sie mit den in unserem Formular aufgelisteten Dokumenten gut gewappnet. Besonderheiten gilt es bei einem Förderkredit zu beachten. Dafür verlangt die KfW unter Umständen spezifische Unterlagen. Eine Aufstellung finden Sie auf der Seite kfw.de durch die Kombination der Suchworte „Muster Checkliste Unterlagen".

Grundsätzlich gilt: Niedriger ist besser, schließlich wollen Sie so wenig Zinsen wie möglich an die Bank zahlen. Die allerniedrigsten Angebote sind allerdings meist an weitere Bedingungen geknüpft, die Sie möglicherweise nicht erfüllen. Außerdem geht unser Vergleich zwangsläufig von bestimmten Annahmen aus – dem oben erwähnten Kaufpreis von 400 000 Euro und einem Tilgungssatz von 3 Prozent –, die in Ihrem Fall nicht zwingend zutreffen. Machen Sie sich darauf gefasst, dass Ihre Finanzierung in der Praxis eventuell dann doch eher zu einem Zinssatz aus dem Mittelfeld erfolgt. Sie können diesen Vergleichstest jedoch gut nutzen, um ein Gefühl dafür zu bekommen, wie die aktuelle Marktlage aussieht und wie sich Eigenkapitalanteil und Zinsbindungsdauer auf den Zinssatz auswirken. Außerdem erfahren Sie so, welche Anbieter besonders günstig sind. Die können Sie im Anschluss anhand Ihrer Internetseiten genauer unter die Lupe nehmen und so eine Vorauswahl treffen.

Übrigens: Förderkredite des Bundes werden zwar von der Kreditanstalt für Wiederaufbau abgewickelt, Kreditnehmer beantragen sie jedoch bei einem Finanzierungspartner der KfW. Falls Sie KfW-Produkte in Ihrer späteren Angebotsabfrage berücksichtigen wollen, müssen Sie darauf achten, dass die Geldgeber Ihrer Wahl mit der KfW zusammenarbeiten. Finanzierungspartner der KfW finden Sie unter kfw.de/beratungsanfrage.

Angebote einholen und vergleichen

Sie können jetzt direkt mit den Geldgebern Kontakt aufnehmen. Von mindestens drei Anbietern sollten Sie Finanzierungsangebote für Ihren Kauf anfordern. Grundlage dafür ist üblicherweise ein ausführliches Gespräch bei der Bank. Planen Sie dafür ausreichend Zeit ein. Selbst wenn der Kunde fachlich kundig und gut vorbereitet ist, kann es mehr als eine Stunde dauern, bis der Bankmitarbeiter alle wichtigen Informationen gegeben hat sowie alle Daten und Kundenwünsche abgefragt sind. Wichtig ist, dass Sie Ihre Rahmenbedingungen und Ihre Prioritäten bereits definiert haben und klar benennen. Daraus wird dann ein maßgeschneidertes Kreditmodell entwickelt. Häufig werden zuvor mehrere Alternativen mit unterschiedlichen Stärken und Schwächen analysiert, gegeneinander abgewogen und verworfen.

Der Effektivzins drängt sich als Vergleichsmaßstab auf. Doch dazu taugt er nur, wenn die Angebote auf übereinstimmenden Vorgaben fußen. Das sind zunächst die Kreditsumme und die gewünschte monatliche Rate. Die im Formular J ermittelte monatliche Belastungsgrenze sollten Sie keinesfalls überschreiten. Außerdem sollten Sie sich Gedanken zur Rückzahlung machen: Streben Sie ein Volltilgerdarlehen an? Das kann bei einer hohen Kreditsumme mit einer langen Laufzeit einhergehen. Alternativ müssen Sie festlegen, für welche Laufzeit Sie sich festlegen möchten.

Große Unterschiede kann es nicht nur beim effektiven Jahreszins sondern auch bei weiteren Konditionen geben. Grundsätzlich gilt: Je mehr Flexibilität ein Vertrag dem

Kreditnehmer einräumt, umso besser kann der reagieren, wenn sich seine finanziellen Möglichkeiten während der vereinbarten Laufzeit verändern. Die dafür möglicherweise entstehenden Kosten sind Teil des Angebotsvergleichs.

Hilfreich sind anpassbare Raten. In guten Zeiten zahlen Sie eine hohe Rate, in schlechten Zeiten eine niedrige. Bei vielen Banken ist diese Flexibilität standardmäßig im Vertrag enthalten. Meist können Sie im Zeitraum der festen Zinsbindung ein- bis zweimal die Ratenhöhe wechseln.

Wenn die Bank die Option auf Sondertilgungen einräumt, können Sie zusätzlich zur monatlichen Rate einmalige oder mehrmalige Sonderzahlungen leisten und damit die Schuld auf einen Schlag erheblich reduzieren. Dadurch verkürzt sich die Laufzeit, Sie müssen insgesamt weniger Zinsen zahlen. Sowohl die Anzahl der möglichen Sondertilgungen als auch ihre Höhe werden im Kreditvertrag vereinbart. Üblich sind Regelungen, wonach jährlich etwa 5 Prozent des anfänglichen Darlehens außerhalb der Reihe getilgt werden dürfen. In guten Jahren schöpfen Sie das aus, in schlechten lassen Sie es einfach.

Lohnend ist auch der Blick aufs Kleingedruckte: Gebühren wie Wertermittlungskosten, Teilauszahlungszuschlag und Bereitstellungszins können rasch vierstellige Höhen erreichen. Wenn Sie um diese verhandeln, sind Ihre Aussichten umso größer, je besser Sie den Markt kennen und wenn Sie die Preise anderer Anbieter erwähnen.

Es kann sich auszahlen, nach dem Vergleich noch einmal das Gespräch mit dem Kandidaten zweiter und dritter Wahl zu suchen. Sie haben nun gute Argumente für die Verhandlung. Vielleicht ist ein Geldgeber bereit, seine Offerte deutlich zu verbessern.

NUTZUNGSHINWEIS

Formular K: Vergleich Kreditkonditionen

Mit unserer Tabelle können Sie einen übersichtlichen Vergleich zwischen den Angeboten erstellen. Nehmen Sie das Formular am besten zum Bankgespräch mit, tragen Sie die Angebotswerte und -zahlen ein oder kreuzen Sie an, ob andere eventuell für Sie wichtige Kriterien erfüllt sind. Welches Angebot für Sie das Beste ist, richtet sich nach Ihren Prioritäten: Es kann das mit der höchsten Kreditsumme sein, das mit dem niedrigsten Zins oder der längsten Bindung – oder ein Angebot, das nicht in allen Punkten Spitze sein mag, aber insgesamt besser ist als alle anderen.

Kreditvermittler einbinden

Mehrere Kreditgespräche führen, Angebote einholen und bewerten, eventuell nachverhandeln – das ist aufwendig. Und wer wenig Erfahrung mit Bankgeschäften hat, fühlt sich unter Umständen verunsichert.

Ein ganz anderer Weg zur günstigen Finanzierung geht über eine Maklerin für Immobilienkredite. Einschlägige Beraterinnen brauchen zur Vermittlung von Immobilien-Verbraucherdarlehnsverträgen eine Erlaubnis, üblicherweise vom Gewerbeamt. Dafür müssen sie eine Berufs-Haftpflichtversicherung, geordnete Vermögensverhältnisse und eine erfolgreich absolvierte Sachkundeprüfung vorweisen.

Kreditvermittlerinnen vergeben selbst keine Kredite, sondern vergleichen Angebote unterschiedlicher Geldinstitute. Sie sind in der Regel nicht mit einem einzelnen Anbieter verbunden, sondern leben gerade von deren Konkurrenz. Ihre Provision erhalten Kreditmaklerinnen nicht von den Kunden sondern von den Banken. Sie verteuern den Kredit also nicht, sondern bieten oft günstigere Konditionen als Banken direkt.

Die Vermittlerinnen arbeiten bevorzugt im Internet und am Telefon, einige bieten Vor-Ort-Beratung. Ihr Angebot ist für die Vermittlung und Abwicklung von Standardfinanzierungen konzipiert; schwierige Fälle passen nicht immer ins Raster. Manchmal aber findet eine kundiger Vermittlerin gerade für Sie ein bereitwilliges Geldinstitut.

Geben Sie Ihrer Vermittlerin ein möglichst exaktes Profil zu Ihren finanziellen Möglichkeiten und zu Ihren Kreditprioritäten (z. B. Sicherheit, rasche Tilgung oder hohe Flexibilität). Gute Vermittlerinnen machen Ihnen mehrere Angebote mit unterschiedlichen Stärken und Schwächen. Gehen Sie mit dem Angebot auch zu Ihrer Hausbank. Auch dort kommen dann häufig die Konditionen ins Rutschen.

Mehrere Darlehen kombinieren

Thema des Gesprächs bei der Bank oder mit dem Vermittler sollte auch sein, ob es möglich und sinnvoll ist, ein Darlehen zu splitten. Unumgänglich ist das meist, wenn Hauskäufer einen KfW-Kredit nutzen wollen. Die dort vorgegebene maximale Darlehenssumme von 100 000 oder auch 150 000 Euro wird in den meisten Fällen nicht ausreichen, um den Finanzierungsbedarf vollständig zu decken. Dann brauchen Sie einen zweiten Kredit von einem anderen Geldgeber.

Es gibt aber auch andere Konstellationen, in denen ein Splitting sinnvoll ist. Wenn in absehbarer Zeit ein Bausparvertrag zuteilungsreif ist, fest angelegte Gelder frei oder Zuschüsse zu Sanierungsmaßnahmen ausgezahlt werden, ist es eine Überlegung wert, diese Summe über einen Kredit mit entsprechend kurzer Laufzeit zwischenzufinanzieren. Der zweite Kredit umfasst dann den verbleibenden Finanzierungsbedarf. Natürlich können Sie auch pokern und einen Kredit mit langer Bindung und entsprechend hohem Zinssatz mit einem zweiten Kredit mit kürzerer Bindung und günstigerem Zinssatz kombinieren. Am Ende von seiner Laufzeit entscheiden Sie, wie viel Sie auf einmal tilgen. Ein Nachteil des Darlehenssplittings: Als Kunde binden Sie sich sehr stark an eine Bank. Läuft die Zinsbindung eines Teildarlehens aus, dann haben Sie kaum die Möglichkeit, zu einer anderen Bank zu wechseln. Denn Ihre alte Bank wird den ersten Rang im Grundbuch nicht freigeben, solange das andere Darlehen noch läuft.

Kreditvertrag

Wenn Sie die optimale Finanzierung gefunden haben, lassen Sie sich von der Bank ein Finanzierungsangebot oder eine vorläufige Darlehenszusage machen. Dann können Sie den Notarvertrag für den Hauskauf abschließen. Erst wenn dieser Akt über die Bühne gegangen ist, nehmen Sie das Darlehen an.

In dem Moment, in dem der Kreditvertrag vor Ihnen liegt, wird es ernst. Die Verhandlungen bis hierhin waren unverbindlich. Durch die übereinstimmende Willenserklärung von Darlehensgeber und Darlehensnehmer – also durch Ihre Unterschrift – kommt ein rechtswirksamer Vertrag zustande. Prüfen Sie vor der Unterschrift, dass Name und Anschrift richtig geschrieben sind und die nachstehenden Punkte Ihren Vorstellungen entsprechen.

→ Entspricht die **Kreditsumme** dem Wert, den Sie ermittelt haben?

→ Wird Ihnen der **Auszahlungsbetrag** zum vereinbarten Termin zur Verfügung gestellt?

→ Stimmt der **Effektivzins**?

→ Wurde die korrekte **Zinsbindungsfrist** angegeben?

→ Stimmt die **Anfangstilgung in Prozent der Kreditsumme** mit Ihren Wünschen überein?

→ Ist die **monatliche Rate** korrekt?

→ Stimmt die **monatsweise Berechnung der Restschuld** und des Zeitpunkts der Schuldenfreiheit bis zur vollen Tilgung bei gleichbleibenden Zinsen und Raten?

→ Gibt es eine **Wechselmöglichkeit der Rate** innerhalb der Zinsbindungsfrist?

→ Sind **Sondertilgungen** möglich?

→ **Bereitstellungszins:** Stimmen die Frist bis zum Einsetzen und die Höhe des Zinses?

→ Sind **Teilauszahlungen** zulässig? Wichtig zum Beispiel beim Kauf vom Bauträger.

→ Werden **Gebühren für Teilauszahlung** erhoben? Sie sollten möglichst gering sein.

→ Fallen Kosten für die **Wertermittlung** an – etwa für ein Gutachten? Bei den meisten Banken ist das nicht üblich.

Ein wichtiger Bestandteil des Kreditvertrags ist der Tilgungsplan. Er zeigt in tabellarischer Form, wie sich das Darlehen im Laufe der Rückzahlung entwickelt. Der Plan enthält Angaben zur Art des Kredits, der Höhe der monatlichen Zins- und Tilgungsrate, der Laufzeit und der Restschuld am Ende der Zinsbindung.

Darüber hinaus muss jeder Kreditvertrag eine Widerrufs- und Rechtsbelehrung beinhalten. Sie regelt unter anderem, dass Kunden innerhalb von zwei Wochen nach der Kreditaufnahme den Vertrag kündigen dürfen.

Sicherheit für die Bank

Beim Hauskauf oder Neubau ist der Basiskredit in aller Regel ein sogenanntes Hypothekendarlehen. Die Zinsen für einen solchen Kredit sind deutlich günstiger als für einen Konsumkredit. Das liegt daran, dass die Bank ein geringeres Verlustrisiko hat. Zum einen muss der Kreditnehmer in der Regel mindestens ein Fünftel Eigenkapital mitbringen. Zum anderen behält sich die Bank den Zugriff auf die Immobilie vor. Ihre Sicherheit ist die im Grundbuch eingetragene Grundschuld. Für den Fall, dass Sie den Kredit nicht mehr bedienen können, darf die Bank Ihr Vermögen angreifen und das Grundstück zu Geld machen, um sich aus dem Erlös zu bedienen. Die Bestellung einer Grundschuld ist aufwendig und verursacht Notargebühren und Grundbuchkosten.

Falls die Bank mit dem Kreditangebot auch schon Unterlagen zur Grundschuldbestellung geschickt hat, senden Sie diese an die Notarin weiter, sobald dieser feststeht. Auch hier gilt: Die Unterlagen sollten so vollständig wie möglich sein. Wo immer es nötig ist, sollten Sie Formulare gewissenhaft ausfüllen und mit den von Ihnen geforderten Dokumenten ergänzen. Dann können Sie gleich nach Abschluss des Kaufvertrags die Grundschuld bestellen (siehe „Grundschuldbestellung", S. 78) und brauchen keinen weiteren Notartermin.

Kaufen

Wenn sich Käufer und Verkäufer einig sind, geht es an den Kaufvertrag. Darin werden unter anderem die Zahlung des Kaufpreises und die Übergabe der Immobilie geregelt. Nach dem Beurkundungstermin bei der Notarin sind noch diverse weitere Formalien zur Übertragung des Eigentums erforderlich.

Notarin

Der Eigentumswechsel einer Immobilie hat für Käufer und Verkäufer eine immense finanzielle Tragweite. Um juristisch unerfahrene Laien davor zu schützen, dass sie bei dieser Transaktion voreilige Entscheidungen treffen oder benachteiligt werden, schreibt das Bürgerliche Gesetzbuch (BGB) die notarielle Beurkundung des Kaufvertrags vor.

Die Notarin begleitet und überwacht den gesamten Verkaufsprozess vom Vertragsentwurf bis zur Beantragung einer Grundschuldeintragung im Grundbuch.

Aufgaben der Notarin

Eine Notarin ist hoheitlich im Auftrag ihres Bundeslands tätig. Sie ist verpflichtet, unabhängig und unparteiisch zu sein und beide Vertragspartner entsprechend zu beraten. Die von Notarinnen aufgesetzten Kaufverträge müssen bestimmten Vorschriften genügen und so abgefasst sein, dass kein Vertragspartner rechtlich unangemessen beteiligt wird. Geht es allerdings um eine eventuelle wirtschaftliche Benachteiligung oder Bevorzugung, dann sind Notarinnen nicht verpflichtet, einzugreifen. Neben der rechtlichen Beratung von Käufer und Verkäufer sind ihre wichtigsten Aufgaben:

- ➔ Entwurf des Kaufvertrags
- ➔ Beurkundung und Beglaubigung des Kaufvertrags
- ➔ Prüfung der vorhandenen Grundbucheinträge
- ➔ Beantragung des Eintrags einer Auflassungsvormerkung beim Grundbuchamt
- ➔ Einholung des Vorverkaufsverzichts der Kommune
- ➔ Veräußerungsanzeige an das Finanzamt
- ➔ Fälligkeitsmitteilung an den Käufer und Überwachung der Kaufpreiszahlung
- ➔ Antrag auf Eigentumsänderung beim Grundbuchamt
- ➔ Antrag auf Grundschuld-Eintragung ins Grundbuch

Die richtige Vertragsgestalterin finden

Grundsätzlich können Sie eine Notarin Ihrer Wahl mit der Beurkundung beauftragen, doch der Verkäufer hat dieses Recht ebenso. Sie müssen also mit ihm eine Einigung erzielen. Ein schlagendes Argument auf Ihrer Seite ist: Sie müssen die Notarin bezahlen. Somit sollten Sie auch bestimmen können, welche Notarin die Beurkundung vornimmt.

Wenn sich der Verkäufer strikt gegen Ihren Vorschlag wehrt, sollten Sie allerdings aufmerksam werden. Sie müssen nicht gegen Ihren Willen eine Notarin akzeptieren, die der Vermittler oder Verkäufer bevorzugt.

Auf einen Preisvergleich von verschiedenen Notarinnen können Sie übrigens getrost verzichten: Für ihre Arbeit erhalten Notarinnen ein gesetzlich festgelegtes Honorar nach dem Gerichts- und Notarkostengesetz (GNotKG).

Für jedes Geschäft gibt es einen bundesweit einheitlichen Gebührensatz. Die konkrete Gebühr berechnet sich aus diesem Satz und dem Geschäftswert. Einen Überblick über die anfallenden Kosten finden Sie auf der Internetseite gnotkg.de. Dort sind auch Beispielrechnungen dargestellt.

Vorbereitung des Kaufvertrags

In der Regel sind Sie als Beauftragender die erste Kontaktperson der Notarin. Sie wird von Ihnen zunächst die Basisinformationen erfragen. Dazu gehören Name und Anschrift des Käufers/der Käufer und des Verkäufers/der Verkäufer, die Adresse des Objektes und der Preis. Außerdem muss die Notarin wissen, ob Sie mithilfe einer Bank oder mit eigenem Geld finanzieren werden. Im Anschluss wird sie mit dem Verkäufer Kontakt aufnehmen und sich von ihm die Angaben zum Objekt und den Verkaufsmodalitäten bestätigen lassen. Außerdem benötigt sie zahlreiche weitere Unterlagen, beispielsweise einen Grundbuchauszug, einen Auszug aus dem Baulastenverzeichnis und eventuelle Grundschuldunterlagen der bisherigen Eigentümer. Und schließlich müssen Details für die Zahlung und Übergabe der Immobilie, vielleicht auch den Umgang mit bestehenden Mitverhältnissen besprochen werden. Zur Klärung solcher Fragen wird Ihre Notarin manchmal Sie und den Verkäufer zu einem Vorgespräch in ihr Büro bitten. Dieser Termin wird mit den normalen Beurkundungsgebühren abgegolten.

Wer verkauft? Wer kauft?

Außerdem wichtig: Falls der bisherige Eigentümer verheiratet und als alleiniger Eigentümer im Grundbuch eingetragen ist, muss dennoch der Partner dem Verkauf zustimmen. Das gilt zumindest, wenn das Haus ein wesentlicher Teil des Vermögens des Paares ist und es keinen Ehevertrag gibt. Dann lebt das Paar nämlich in einer sogenannten Zugewinngemeinschaft.

Auch Sie müssen sich überlegen: Wer wird Eigentümer? Eheleute oder Lebenspartner wollen eine Immobilie häufig gemeinsam erwerben. Meist tragen sie auch den Kaufpreis und die Betriebskosten gemeinsam, werden sich beide um das Haus kümmern und für gewöhnlich auch gemeinsam einziehen. In vielen Fällen werden beide Personen dann Eigentümer zu gleichen Teilen. Denkbar sind jedoch auch andere Aufteilungen, beispielsweise entsprechend den Kostenanteilen, die die Personen übernehmen. Unabhängig von den prozentualen Anteilen gilt es auch zu bedenken, was bei einer Trennung oder im Todesfall mit der Immobilie geschehen soll. Nach einer Trennung gehört sie nach wie vor beiden Eigentümern. Sie müssen im Fall der Selbstnutzung eine Einigung erzielen, wer bleiben darf und wie der andere dafür entschädigt wird. Bei einer Scheidung ist die Immobilie Teil eines etwaigen Zugewinnausgleichs. Sie kann auch für Unterhaltszahlungen relevant sein. Verstirbt ein Partner, so gibt es oft Erben, die nun zu Miteigentümern werden und unter Umständen Ansprüche geltend machen. Kurz: Gemeinsamer Erwerb kann zu schwierigen Auseinandersetzungen führen, sobald die Gemeinsamkeit endet. Diese Aspekte sollten spätestens vor dem Notartermin bedacht und besprochen werden, unter Umständen auch mit einem Rechtsanwalt.

UNSER RAT

Notarin finden

Für die Suche nach einer Vertragsgestalterin gibt es unterschiedliche Möglichkeiten:

→ Hören Sie sich im Freundes- und Bekanntenkreis um, ob jemand eine Empfehlung hat.

→ Im Informationsportal der Bundesnotarkammer unter notar.de und auf den Seiten der Landesnotarkammern sind Suchmöglichkeiten eingerichtet.

→ Achten Sie bei der Auswahl auf eine mögliche Spezialisierung.

→ Ein Preisvergleich lohnt angesichts der gesetzlichen Vorgaben dazu nicht.

Kaufvertrag

Mit dem Kaufvertrag bzw. Bauträgervertrag und seinen eventuell vorhandenen Anlagen wird der Eigentumsübergang besiegelt. Die Notarin verliest den vollständigen Vertrag im Beurkundungstermin. Dann unterschreiben in seinem Beisein alle Beteiligten.

Der Entwurf des Vertrags sollte dem Käufer jedoch mindestens zwei Wochen vor dem Notartermin vorliegen. Das schreibt das Beurkundungsgesetz für Verbraucherverträge – also für Verträge zwischen einem Unternehmer (z. B. einem Bauträger) und einem Verbraucher – zwingend vor. Ziel dieser Regelung ist, dem Verbraucher ausreichend und rechtzeitig Gelegenheit zu geben, sich vorab mit dem Gegenstand der Beurkundung auseinanderzusetzen. Auch wenn Sie nicht von einem Bauträger, sondern von einer Privatperson kaufen, sollten Sie darauf bestehen, dass Sie den Vertragsentwurf etwa zwei Wochen vor dem Notartermin erhalten.

Inhalte prüfen

Nutzen Sie diese Zeit, um den Vertrag gründlich zu prüfen. Dabei geht es zunächst um Vollständigkeit und Korrektheit von allen Angaben. Bestandteil des Vertrages ist auch die sogenannte Auflassung. Dieser seit dem Mittelalter gebräuchliche Rechtsbegriff beschreibt die Einigung, dass der Käufer den vereinbarten Kaufpreis zahlen und der Verkäufer ihm dafür die betreffende Immobilie übergeben wird. Die Kerninhalte von Immobilienkaufverträgen sind stets gleich. Doch Aufbau, Formulierung und manche Ausdrücke unterscheiden sich von Notarin zu Notar. Auf einige Klauseln müssen Sie Wert legen – andere können Ihnen schaden.

Die folgenden Inhalte muss jeder Kaufvertrag enthalten:

- → Name, Anschrift, Geburtsdatum der/des Käufer(s)
- → Name, Anschrift, Geburtsdatum der/des Verkäufer(s)
- → Art und Beschreibung des Kaufgegenstandes (Immobilie mit genauer Anschrift und Grundbuchdetails, eventuell enthaltenes Inventar, bei Eigentumswohnung: Instandhaltungsanteil)
- → Kaufpreis, Zahlungsweise, Fälligkeit, Bankverbindung
- → Zeitpunkt des Übergangs von Besitz, Nutzen und Lasten
- → Zeitpunkt und Bedingungen für die Übergabe der Immobilie
- → Auflistung der bestehenden Belastungen in Abteilung II und III des Grundbuchs
- → Auflassungsvormerkung (Einverständnis des Verkäufers für die Eintragung des Käufers im Grundbuch)
- → Aufteilung Nebenkosten (z. B. Notarin)

Stellen Sie sicher, dass wirklich alle Absprachen – auch die nur mündlich mit dem Vertragspartner getroffenen – tatsächlich beurkundet werden. Nur bei einer vollständigen Beurkundung besteht Rechtssicherheit. Das betrifft beim Erwerb vom Bauträger vor allem Änderungen und Ergänzungen der Baubeschreibung. Sie können auch einen Rechtsanwalt oder eine Bauherrenberatung zur Prüfung des Vertragsentwurfs hinzuziehen. Ist etwas zu bemängeln, dann können Sie das schon vor dem Termin der Notarin

CHECKLISTE

Auf diese zwölf Fallstricke sollten Sie achten

Im Folgenden finden Sie Klauseln, die sich als Fallstricke entpuppen können.

1 Sind die **Namen aller** im Grundbuch genannten Eigentümer als Verkäufer aufgeführt?

2 Sind alle **Angaben zur Immobilie** korrekt aufgenommen?

3 Stimmt die genannte **Flurstücknummer** mit der Parzelle im Katasterplan überein?

4 Enthält der Vertrag eine Versicherung des Verkäufers, dass er nichts unternommen hat, um den von der Notarin **verlesenen Grundbuchstand** zu ändern?

5 Hat der Verkäufer sein **Darlehen bei der Bank noch nicht abbezahlt,** sollten Sie unabhängigen Rat suchen: Sie können die Schulden aus dem Kaufpreis ablösen, also den noch offenen Betrag in Anrechnung auf den Kaufpreis an die Bank des Verkäufers zahlen. Alternativ können Sie als Kreditnehmer an die Stelle des Verkäufers treten. Die beim Verkäufer bleibende Kaufsumme reduziert sich entsprechend. Beide Wege erfordern die Zustimmung der Gläubigerbank.

6 Ist die Immobilie, die Sie selbst nutzen möchten, vermietet oder verpachtet, muss geregelt sein, dass sie **frei übergeben** wird. Für den Fall einer Terminüberziehung sollte eine Entschädigung festgelegt werden.

7 Wollen Sie die Immobilie weiter vermieten, sollten Sie sich zusichern lassen, dass der **Mietvertrag** in der Ihnen bekannten Form nicht verändert wurde. Außerdem kann der Vertrag regeln, dass Sie bereits mit der Übergabe der Wohnung und vor der Eintragung im Grundbruch in das Mietverhältnis eintreten. Auch der Umgang mit einer Mietkaution und die Übergabe sämtlicher für eine Betriebskostenabrechnung relevanten Unterlagen müssen im Kaufvertrag festgelegt sein.

8 Wenn Sie **Gegenstände des Vorbesitzers** mit übernehmen – etwa Möbel –, dann sollte deren Wert im Vertrag beziffert sein. Dann müssen Sie auf diesen Betrag keine Grunderwerbsteuer zahlen.

9 Für Mängel, die ein Verkäufer arglistig verschwiegen hat, muss er aufkommen. Im Zweifel gibt es darüber später eine lange Auseinandersetzung. Achten Sie jedoch darauf, dass in dem Vertrag **nirgendwo die Behauptung, die Immobilie sei frei von Mängeln,** zu lesen ist.

10 Ist im Grundbuch ein Vorkaufsrecht eingetragen, platzt der Verkauf, wenn der Berechtigte dies nutzt. Für diesen Konstellation sichern sich vorausschauende Verkäufer gerne mit einem **Rücktrittsrecht** im Kaufvertrag ab. Sie sollten Ihrerseits einen Passus fordern, dass der Verkäufer in diesem Fall die Vertragskosten ganz oder zumindest teilweise übernimmt.

11 Achten Sie bei einem Neubaugebiet darauf, dass der Verkäufer alle **Erschließungsbeiträge** übernehmen muss, die bis zum Tag der Übergabe eingehen.

12 Eine **Formulierung zum Provisionsanspruch einer Maklerin** ist unnötig und kann den Vertragswert und damit die Notarkosten und Grunderwerbsteuer erhöhen.

mitteilen oder auch beim Beurkundungstermin vorbringen. Wenn Sie sich unsicher fühlen, ob Sie Ihre Interessen bei dem Beurkundungstermin vertreten können, bitten Sie um einen separaten Besprechungstermin. Wichtig ist, dass Grundsätzliches wie etwa der Kaufpreis vor der Beurkundung geklärt ist. Wenn Sie das Gefühl haben, dass der Kaufvertrag nicht zu Ihren Gunsten gestaltet wird beziehungsweise dass die Notarin nicht neutral ist, können Sie einen zweiten Notar den Kaufvertrag überprüfen lassen oder mit der Beurkundung beauftragen.

Mängel und Gewährleistung

Der Vertrag mit einem privaten Verkäufer enthält üblicherweise eine Klausel zum Thema Haftung und Mängel wie etwa „Gekauft wie gesehen" oder „Der Verkäufer übernimmt keine Gewährleistung für Mängel". Der Verkäufer schuldet dem Käufer damit die Immobilie mit allen Alters- und Gebrauchsspuren und auch mit allen Sachmängeln, die beiden Beteiligten zum Zeitpunkt des Vertragsschlusses nicht bekannt sind. Allerdings gilt ein solcher Gewährleistungsausschluss nicht, wenn der Verkäufer einen Mangel bewusst verschweigt. Nur: Das ist im Nachhinein schwer zu beweisen. Wenn ein Verkäufer noch bestehende Gewährleistungsansprüche gegen einen Bauträger, Handwerker oder Unternehmer hat, kann er diese auf den künftigen Eigentümer übertragen.

Beim Erwerb von einem gewerblichen Anbieter oder einem Bauträger sieht es anders aus: Gemäß Bürgerlichem Gesetzbuch gibt es eine fünfjährige Gewährleistungsphase. In diesem Zeitraum haftet der Verkäufer für das Auftreten von Mängeln. Achten Sie darauf, dass im Bauträgervertrag keine Verkürzung der Gewährleistungsfrist eingeschmuggelt oder gar eine Gewährleistung ganz ausgeschlossen ist. Auch eine Formulierung wie „Gewährleistungsfrist ist nach VOB geregelt" sollten Sie nicht unterschreiben.

Vorsicht beim Kauf einer Eigentumswohnung

Wenn Sie eine Eigentumswohnung erwerben, sollten Sie ein Auge auf einige spezifische Aspekte im Vertrag haben. Schauen Sie bei den Angaben zum Kaufgegenstand ganz genau hin: Entspricht die genannte Nummer des Eigentumsanteils dem in der Teilungserklärung? Prüfen Sie auch die Details zu Sonder- und Gemeinschaftseigentum. Hier droht Verwechslungsgefahr – manchmal sogar nur durch einen einzigen Zahlendreher.

Wichtig sind auch zwei Kostengrößen, die es bei einem Hauskauf nicht gibt. Die Beteiligung des Verkäufers an der Erhaltungsrücklage geht mit dem Eigentum an der Wohnung auf den Käufer über. Sie sollte im Kaufvertrag als Summe ausgewiesen sein, da hierauf keine Grunderwerbsteuer erhoben wird. Um Missverständnisse zu vermeiden, sollte auch die aktuelle Höhe des Hausgeldes im Kaufvertrag benannt werden. Außerdem kann vereinbart werden, dass die Notarin als Voraussetzung für die Zahlung des Kaufpreises von der Verwaltung eine Erklärung einholt, dass keine Hausgeldrückstände oder Nachforderungen aus den Jahresabrechnungen bestehen und keine Sonderumlagen offen sind. Und schließlich sollte eine Regelung dazu enthalten sein, wie die nächste Betriebskostenabrechnung zwischen Alt- und Neu-Eigentümer verteilt wird.

Abgesichert durch ein Rücktrittsrecht

Sie können ein Rücktrittsrecht im Kaufvertrag verankern, falls Entscheidendes noch nicht geklärt ist. Etwa wenn ungewiss ist, ob es für ein Bauträgerprojekt eine Baugenehmigung gibt, oder wenn Sie unsicher sind, ob Sie eine Finanzierung erhalten. Zum Rücktrittsrecht gehört in der Regel allerdings, dass Sie alle anfallenden Kosten tragen.

Besonderheiten beim Bauträgervertrag

Kaufen Sie eine noch nicht fertiggestellte oder erst projektierte Immobilie, schließen Sie einen Bauträgervertrag. Er ist seinem Wesen nach ein kombinierter Kauf- und Werkvertrag. Kaufvertrag ist er aufgrund der Übereignung der Immobilie; Werkvertrag ist er aufgrund der Errichtung der Immobilie, die der Übereignung regelmäßig vorausgehen muss. Mit der Reform des Bauvertragsrechts wurde Anfang 2018 erstmals gesetzlich geregelt, wie ein solcher Bauträgervertrag aussehen muss. Seither sind Verbraucher deutlich besser geschützt als früher. Der Bauträger ist beispielsweise jetzt verpflichtet, vor Vertragsschluss eine detaillierte Baubeschreibung vorzulegen und einen Fertigstellungstermin oder eine Bauzeit zu benennen. Im Vertrag muss ein Zahlungsplan enthalten sein. Der Käufer hat zudem ein Recht auf die Herausgabe von Plänen und Berechnungen zum Gebäude. Allerdings hat der Kunde bei einem Bauträgervertrag weder ein einseitiges Anordnungsrecht noch ein Widerrufsrecht. Gegen Pleiten und Verzögerungen bietet die Makler- und Bauträgerverordnung (MaBV) einen gewissen, aber keinen umfassenden Schutz. Wichtig ist besonders §3 „Besondere Sicherungspflichten des Bauträgers“. Hier ist geregelt, unter welchen Bedingungen der Bauträger Vermögenswerte seines Kunden in Anspruch nehmen und welche Ratenzahlungen gemäß Baufortschritt er einfordern darf.

Vertragsunterzeichnung

Zum Notartermin müssen Sie als Käufer folgende Unterlagen mitbringen:

- Personalausweis oder Reisepass
- Steueridentifikationsnummer
- Finanzierungszusage der Bank

Haben sich im Vorfeld Fragen zum Vertrag ergeben, sollten Sie eine Liste oder einen Stichwortzettel dabeihaben.

UNSER RAT

Mit diesen Kosten müssen Sie rechnen

Die Notar- und Grundbuchkosten sind zwar gesetzlich klar geregelt. Doch diverse kleinere Gebühren können bei einzelnen Notarinnen unterschiedlich ausfallen. Zudem gibt es einen gewissen Ermessensspielraum. Die Grundbuchkosten hängen von der Höhe der einzutragenden Grundschuld ab. Insgesamt müssen Sie mit 1,5 bis 2 Prozent des Kaufpreises rechnen. Üblicherweise trägt der Käufer alle Kosten des Vertrags, mit einer Ausnahme: Die Kosten, die durch Löschungen im Grundbuch entstehen (insbesondere die Löschung von Grundschulden), muss der Verkäufer zahlen.

Bei der Vertragsunterzeichnung liest die Notarin den gesamten Vertrag vor, inklusive aller Formvorschriften und Nebenbedingungen. Das kann selbst ohne Zwischenfragen eine Dreiviertelstunde dauern. Dabei muss die Notarin alle Fragen beantworten, die vor, während und selbst nach einer Beurkundung entstehen – natürlich nur, insoweit daraus keine parteiliche (das heißt anwaltliche) Beratung entsteht. Die Notarin klärt über die rechtlichen Aspekte des Geschäfts auf. Über die wirtschaftliche Tragweite muss sie keine Aussagen treffen. Nur in Ausnahmefällen, wenn sieden Eindruck gewinnt, dass eine Vertragspartei eindeutig übervorteilt wird, kann sie eingreifen. Insofern dient ihre Unparteilichkeit insbesondere auch dem Schutz des Schwächeren.

Scheuen Sie sich dennoch nicht, noch einmal nachzuhaken, wenn Ihnen ein Punkt unklar ist. Wenn beide Parteien mit dem Vertrag einverstanden sind, wird unterschrieben.

Vollmachten

Bestandteil des Kaufvertrags sind auch diverse Vollmachten. Sie brauchen eine Vollmacht vom Verkäufer, dass Sie Grundschulden bestellen sowie sich und die Immobilie einer Zwangsvollstreckung durch Ihre Bank unterwerfen dürfen. Der Grund: Die Bank braucht die Immobilie als Sicherheit ab dem Moment, in dem sie Ihren Kaufpreisanteil auszahlt. Sie sind dann aber in aller Regel noch nicht als Eigentümer eingetragen.

Die Notarin beziehungsweise ihr Büro benötigt eine Vollmacht für die Vertragsabwicklung. Sie muss sich gegenüber Banken und Behörden legitimieren können. Die Vollmacht ist an Personen gebunden. Diese werden im Vertrag namentlich genannt. Vor allem bei großen Notariaten werden üblicherweise mehrere Personen, auch alle Gehilfen, aufgeführt.

Grundschuldbestellung

Wenn Sie die Immobilie mit einem Darlehen finanzieren, veranlasst die Notarin – mit Zustimmung des Noch-Eigentümers –, dass für die Gläubigerbank als Sicherheit eine Grundschuld im Grundbuch eingetragen wird. Diese Grundschuldbestellung ist in aller Regel Voraussetzung für die Kreditvergabe. Die Grunddienstbarkeiten werden immer unter dem Vorbehalt der erfolgreichen Kaufvertragsabwicklung gestellt und haben eine Verwendungsbindung, nämlich die Bezahlung des Kaufpreises, um den Verkäufer abzusichern. Für die Grundschuldbestellung ist die notarielle Beurkundung oder Beglaubigung gesetzlich vorgeschrieben.

Normalerweise verwenden Banken für die Bestellung des Grundpfandrechts ein Grundschuldbestellungsformular. Bringen Sie dieses zur notariellen Beurkundung des Kaufvertrages mit oder bitten Sie den Banksachbearbeiter, das Formular direkt an die Notarin zu senden. Dann kann sie Kaufvertrag und Grundschuld an einem Termin beurkunden. Das spart Zeit und Geld.

Nach dem Notartermin

Nach der notariellen Beurkundung des Kaufvertrags und ggfs. der Grundschuldbestellung stehen noch zahlreiche Formalien an. Zunächst beantragt die Notarin beim Grundbuchamt eine Auflassungsvormerkung – auch Eigentumsvormerkung – zu Ihren Gunsten. Das gibt Ihnen Sicherheit in der Zeit bis zum endgültigen Eigentumsübergang. Ohne diese könnte der bisherige Eigentümer die Immobilie theoretisch so lange erneut verkaufen oder auch belasten, wie er noch als rechtmäßiger Eigentümer im Grundbuch steht. Auch bei einem Bauträgervertrag ist die Auflassungsvormerkung wichtig. Falls der Bauträger vor Vollendung des Objektes insolvent wird, ermöglicht die Vormerkung, dass das Objekt im teilfertigen Zustand in das Eigentum des Käufers übergehen kann. Damit ist gewährleistet, dass etwa bisher geleistete Anzahlungen (beziehungsweise der diesen Anzahlungen entsprechende Gebäudewert) nicht in der Konkursmasse untergehen.

Stehen etwa noch alte, vom Verkäufer bestellte Grundschulden im Grundbuch und wurde das damit gesicherte Darlehen vollständig zurückgezahlt, dann erbittet die Notarin vom einstigen Kreditgeber die Löschungsbewilligung. Dieses beglaubigt sie und reicht sie an das Grundbuchamt weiter. Dann wird der Eintrag gelöscht.

Die Notarin meldet den Immobilienkauf an das zuständige Finanzamt. Das setzt die Grunderwerbsteuer fest und fordert Sie zur Zahlung auf. Ist die erfolgt, schickt die Behörde eine steuerliche Unbedenklichkeitsbescheinigung an das Notariat.

Meist muss die Notarin noch weitere Dokumente einsammeln. Sie kontrolliert beispielsweise, ob jemand Vorkaufsrechte hat, und lässt sich von der Gemeinde, wenn sie es nicht ausüben will, ein „Negativattest" geben. Bei Eigentumswohnungen prüft die Notarin, ob der Verwalter oder Miteigentümer zustimmen müssen – wenn ja, bittet sie ihn oder sie zu sich.

Kaufpreiszahlung und Eigentumsübergang

Nach dem Vertragsabschluss dauert es meist zwei bis acht Wochen, bis die Eintragung der Vormerkung ins Grundbuch erfolgt ist und die Notarin alle Unterlagen zusammen hat. Danach fordert sie Sie zur Zahlung des Kaufpreises auf. Erst wenn das passiert ist, können Sie als neuer Eigentümer im Grundbuch eingetragen werden.

Mit der Zahlungsmitteilung setzt die Notarin eine Frist von beispielsweise zwei Wochen. Spätestens zum vertraglich vereinbarten Termin ist der Kaufpreis fällig. Bis dahin müssen Sie Ihren Eigenkapitalanteil von vermutlich unterschiedlichen Konten und Depots auf einem Girokonto zusammengeführt haben.

Klären Sie mit der Bank, bei der Sie dieses Girokonto führen, frühzeitig, wie Sie vorgehen, um eine Summe dieser Größenordnung zu überweisen. Zugleich müssen Sie sich auch um die Auszahlung des oder der Darlehen kümmern. Dafür benötigt das Kreditinstitut diverse Unterlagen.

Geldtransfer auf unterschiedlichen Wegen

Der Kaufpreis kann auf unterschiedlichen Wegen vom Käufer zum Veräußerer gelangen. Ein gängiges Verfahren ist, dass die Bank das Darlehen und der Käufer seinen Eigenkapitalanteil direkt an den Verkäufer überweist.

Denkbar ist auch, dass die Bank den Darlehensbetrag an Sie übermittelt. Im Anschluss transferieren Sie den gesamten Kaufpreis aus Darlehen und Eigenkapital an den Verkäufer.

Eine weitere Möglichkeit des Geldtransfers besteht darin, dass der Kaufpreis auf einem Notaranderkonto (auch Treuhandanderkonto genannt) zwischengelagert wird. Die Notarin führt ein solches Konto im Auftrag des Käufers und Verkäufers getrennt vom eigenen Vermögen. Die Zwischenlagerung verhindert, dass der Verkäufer das Geld beiseiteschafft, ohne das Eigentum zu übertragen. Entweder zahlt der Käufer das Eigenkapital und die Bank das Darlehen auf dieses Anderkonto ein. Oder der Käufer sammelt zunächst den Kredit ein und überweist anschließend den gesamten Kaufpreis auf das Anderkonto.

Erst, wenn der neue Eigentümer im Grundbuch eingetragen ist, sorgt die Notarin dafür, dass der Kaufpreis vom Anderkonto auf ein Konto des Verkäufers überwiesen wird. Dieses Verfahren gibt allen Beteiligten – vor allem dem Käufer! – zusätzliche Sicherheit, hat aber auch Nachteile: Es ist abwicklungstechnisch aufwendig; dem Verkäufer bringt es erst später sein Geld, und für die Kontoführung entstehen Kosten. Die sind im Gerichts- und Notarkostengesetz geregelt und werden in der Praxis meist vom Erwerber getragen. Ein Beispiel: Bei einem Immobilienwert von 500 000 Euro müssen Sie mit 935 Euro für das Notaranderkonto rechnen – wägen Sie ab, ob diese Kosten in Ihrem Fall gut investiert sind.

Hat der bisherige Eigentümer noch Bankschulden, ist eine weitere Partei im Spiel – die Gläubigerbank. Die Verbindlichkeiten dort können entweder von der (neuen) Bank oder vom Käufer beglichen werden.

CHECKLISTE

Voraussetzungen für die Auszahlung des Kredits

Das Geld kann erst fließen, wenn bei der Bank eine Reihe von Dokumenten vorliegt.

1 **Kreditvertrag.** Der Kreditvertrag muss der Bank unterschrieben vorliegen.

2 **Auszahlungsauftrag.** Alle Kreditnehmer müssen den Auszahlungsauftrag unterschreiben. Die Bank schickt ihn als Formular.

3 **Grundschuld.** Die Bank benötigt einen Nachweis darüber, dass die Grundschuld bestellt ist. Die Notarin füllt dafür in der Regel Formulare der Bank aus. Sie erhält außerdem einen Grundbuchauszug, nachdem die Grundschuld eingetragen ist.

4 **Kaufpreisfälligkeitsmitteilung.** Der Notar verschickt eine Mitteilung, dass der Kaufpreis nun zu zahlen ist, weil von seiner Seite alle nötigen Voraussetzungen erfüllt sind.

5 **Eigenkapitalnachweis.** Es reicht nicht, wenn das Eigenkapital theoretisch vorhanden ist (zum Beispiel in Aktien oder einem Riester-Vertrag), sondern es muss konkret als Cash auf dem Konto sichtbar sein. Die Aktien müssen also schon verkauft und der Riester-Vertrag kapitalisiert sein. Als möglicher Nachweis dient ein Kontoauszug, auf dem die Summe sichtbar ist.

6 **Auflagen der KfW.** Zuweilen benötigt die KfW ihrerseits weitere Nachweise, um grünes Licht geben zu können.

So geht es weiter

Wenn Sie sowohl die Grunderwerbsteuer als auch den Kaufpreis ordnungsgemäß gezahlt haben, veranlasst der Notar die Umschreibung des Eigentums beim Grundbuchamt. Die Auflassungsvormerkung wird dann gelöscht. Mit dem Eintrag ist das Rechtsgeschäft Wohnungskauf vollzogen.

Doch bis dahin kann es einige Wochen dauern. Daher vereinbaren Käufer und Verkäufer häufig im Kaufvertrag, dass „Besitz, Nutzen und Lasten" zu einem früheren Zeitpunkt vom Verkäufer auf Sie übergehen. Diese Formulierung regelt, ab wann Sie wie ein Eigentümer im Haus schalten und walten dürfen, aber auch alle laufenden Kosten tragen müssen und gegenüber Dritten für Schäden und Gefahren verantwortlich sind, die von Ihrer Immobilie ausgehen.

Häufig wird für dieses wichtige Ereignis kein festes Datum im Kaufvertrag genannt, sondern der Tag, an dem der Kaufpreis vollständig gezahlt ist. Es kann auch vereinbart werden, dass die Übergabe nach Zahlung des Kaufpreises stattfindet, jedoch frühestens an einem bestimmten Tag. Das hilft Verkäufern, die erst später die Immobilie räumen können. Für welche Option auch immer Sie sich entscheiden: Im Vertrag sollte klar geregelt sein, bis zu welchem Termin oder welchem Schritt (z. B. Kaufpreiszahlung) der Verkäufer über die Immobilie verfügen darf und ihre laufenden Kosten trägt – und ab wann Sie.

Übergabe einer Bestandsimmobilie

Die Übergabe eines gebrauchten Hauses oder einer Altbauwohnung ist rechtlich nicht detailliert geregelt. Unbedingt empfehlenswert ist jedoch eine gemeinsame Begehung von Verkäufer und Käufer. Unter Umständen kann auch eine Zeugin anwesend sein. Vergewissern Sie sich, dass alles in vereinbartem Zustand übergeben wird. Ist die Immobilie absprachegemäß geräumt? Sind die vereinbarten Einbauten vorhanden? Die festgelegten Renovierungsarbeiten erledigt? Es kann durchaus passieren, dass Sie die Räume in einem schlechteren Zustand vorfinden als bei der Besichtigung einige

Monate zuvor. Beweisen können Sie das jedoch nur anhand von Vergleichsfotos. In der Praxis haben die meisten Käufer solche Belege nicht zur Hand.

Eine sinnvolle Regelung bei einer Eigentumswohnung ist, den ersten Tag des auf die Kaufpreiszahlung folgenden Monats als Übergabetag zu vereinbaren. Das erspart Ihnen, dem Verkäufer, dem Verwalter und gegebenenfalls dem Mieter ein umständliches Auseinanderrechnen von Zahlungen, die jeweils einmal im Monat fällig sind.

Ein von beiden Seiten unterzeichnetes Übergabeprotokoll hilft, Streitigkeiten zu vermeiden. Falls später Mängel auftreten, dient ein Protokoll als Beweismittel. Auch im Falle eines Weiterkaufs kann ein solches Dokument nützlich sein.

Falls im Kaufvertrag nichts anderes vereinbart wurde, gehen mit der Übergabe alle Rechte, Gefahren, Lasten und Pflichten bezüglich der Immobilie vom bisherigen Eigentümer auf den Käufer über. Er erhält ein Verfügungsrecht über die Immobilie und – im Falle der bisherigen Selbstnutzung – sämtliche Schlüssel und wichtigen Dokumente.

AUSFÜLLHINWEIS

Formular L: Übergabeprotokoll

Auch für die Gestaltung eines Übergabeprotokolls gibt es keine gesetzlichen Regeln. Nutzen Sie unser Formular als Vorlage. Neben den Daten der Anwesenden und dem Termin sollten auf jeden Fall sämtliche Zählerstände, alle Möbelstücke und Einbauteile und Mängel samt Terminen für die fachgerechte Beseitigung erfasst sein. Üblicherweise wird auch der Erhalt der Haus- und Wohnungsschlüssel bestätigt. Wichtig ist darüber hinaus, dass Sie alle relevanten Unterlagen in Empfang nehmen – von der Bedienungsanleitung des Einbaubackofens über den Energieausweis bis zu Bauzeichnungen. Unsere Checkliste hilft bei der Orientierung.

Abnahme eines Neubaus

Wenn Sie ein neu errichtete Haus oder eine neue Eigentumswohnung erwerben, ist das Verfahren ein ganz anderes. Dann findet vor oder bei der Übergabe der Immobilie die förmliche Abnahme statt. Mit ihr nimmt der Käufer als Auftraggeber oder Besteller das Bauwerk entgegen und bestätigt gegenüber dem Vertragspartner – also in der Regel dem Bauträger –, dass die Immobilie so wie vertraglich vereinbart im Wesentlichen erstellt wurde. Für diese Abnahme gelten feste Regeln. Der Grund dafür ist: Bauträger und andere Bauunternehmen sind für Mängel viel stärker verantwortlich als der bisherige Eigentümer eines fertigen Hauses oder einer Wohnung. Vom Bauträger übernehmen Sie nicht wie beim Kauf des Gebrauchthauses eine weitgehend unveränderliche Sache, sondern Sie kaufen mitunter das Ergebnis eines pannenträchtigen Bauens. Viele Vorgaben für die Abnahme wurden mit der Novelle des Bauvertragsrechts im Jahr 2018 neu formuliert.

Der Abnahmetermin hat weitreichende Folgen. Jetzt beginnt die fünfjährige Gewährleistungsphase, in der das Unternehmen verschuldensunabhängig für Mängel haftet. Zugleich dreht sich die Beweislast um. Ab jetzt muss der Käufer beweisen, dass es sich um einen Mangel handelt, den er nicht zu verantworten hat. Auch die sogenannte Gefahrtragung – also die Verantwortung für Folgeschäden von Baumängeln – liegt nach der Abnahme beim Eigentümer. Und: Nach der Abnahme hat das Unternehmen Anspruch auf den vereinbarten Lohn und nicht nur auf Abschläge. Seit der Gesetzesreform muss der Unternehmer bei einem Privatbauherrn die Abnahme schriftlich verlangen und ihn auf die Rechtsfolgen einer verweigerten Abnahme hinweisen. Verweigert der Bauherr die verlangte Abnahme ohne triftigen Grund, gilt sie trotzdem als geschehen.

Bei Kleinprojekten gibt es oft nur eine einzige Abnahmeprozedur mit dem Bauträger oder dem Generalunternehmer, bei größeren und komplexeren Projekten sind es viele. Beim Neubau einer Eigentumswohnung muss sowohl das Sonder- als auch das Gemeinschaftseigentum vom Erwerbenden abgenommen werden. Oft werden dafür zwei Termine anberaumt.

Ob einfache, an der Oberfläche sichtbare Arbeiten gut ausgeführt wurden, können Sie selbst beurteilen. Doch viele Mängel fallen nur Experten auf. Bei einem teuren, komplizierten Bau sollten Sie daher einen unabhängigen Bauherrenberater hinzuziehen.

Wie bei der Übergabe ist auch bei der Abnahme die gründliche Dokumentation in Form eines Protokolls notwendig. Üblicherweise erstellt das Ihr bauendes oder handwerkliches Gegenüber. Lesen Sie die Mitschrift ganz genau und bestehen Sie vor Ihrer Unterschrift bei Lücken und Fehlern auf einer Korrektur in allen Ausfertigungen des Protokolls.

Heikel wird es, wenn eine Immobilie bei der Abnahme noch voller Mängel ist. Dann können Sie sie noch nicht bewohnen – wegen der Bauarbeiten, wegen mangelnder Funktionalität und oft auch aus Beweisgründen: Würden Sie jetzt einziehen, dann könnten Unternehmen Ihnen später leichter einen Schaden in die Schuhe schieben, den sie selbst verursacht haben. Wer die Kosten eines verzögerten Umzugs trägt, hängt stark vom Vertrag ab. Ist ein Einzugs- oder Fertigstellungsdatum fixiert, zahlt das Unternehmen, sonst Sie. In dieser Situation führt oft die Frage zu einem weiteren Streit, ob die Immobilie bezugsfertig ist oder noch nicht. Droht ein Konflikt, müssen Sie die Hinderungsgründe besonders sorgfältig dokumentieren.

Erste Schritte als Eigentümer

Der Eigentumswechsel ist vollzogen und das Haus übernommen. Jetzt beginnt der neue Alltag als Eigentümer. Damit stehen die nächsten Formalien an – von der Anmeldung bei Versorgern bis zum Abschluss neuer Versicherungen. Viele dieser Dinge sollten Sie zeitnah erledigen, selbst wenn Sie noch renovieren oder aus anderen Gründen erst in ein paar Monaten einziehen werden.

Wer als Mieter von einer Wohnung in eine andere zieht, muss schon viele Meldepflichten erfüllen. Für Eigentümer kommen noch einige obendrauf. Manch eine Meldung dient ausschließlich der Information einer Behörde. In vielen Fällen hängen jedoch auch Kostentragungspflichten hinten dran.

Energieversorgung

Ganz oben auf der Liste steht die Energieversorgung. Bei der Übergabe haben Sie die Zählerstände für Wasser, Strom und Gas oder auch Fernwärme notiert. Die sind wichtig für alle Verbrauchskosten. Darüber hinaus erheben jedoch die meisten Versorger einen Grundpreis pro Monat. Dafür ist der Termin der Übernahme relevant.

Die Wasserversorgung ist hierzulande kommunal verwaltet. Und auch im Falle von Fernwärme gibt es in jeder Region nur einen Netzbetreiber. Dem Versorgungsbetrieb müssen Sie den Eigentümerwechsel samt Zählerstand und Datum der Übernahme bekannt geben. Meist ist das online möglich.

Bei Strom- und Gasanbietern haben Sie die Wahl zwischen dem Grundversorger und privaten Anbietern. Sie können natürlich bei den Versorgern des bisherigen Eigentümers bleiben und diese nur über den Eigentümerwechsel und die Ablesedaten in Kenntnis setzen. Doch möglicherweise bietet ein anderes Unternehmen einen deutlich günstigeren Tarif. Vergleichen sollten Sie auf jeden Fall. Nach einem Eigentümerwechsel können Sie sich mit kurzer Kündigungsfrist oder sogar einem Sonderkündigungsrecht vom bisherigen Versorger verabschieden.

Wird das neue Zuhause mit Heizöl oder Pellets beheizt, dann ist vermutlich noch ein Brennstoffvorrat vorhanden. Ein vorausschauender Verkäufer wird allerdings darauf geachtet haben, dass der nicht allzu groß ausfällt. Es ist also empfehlenswert, frühzeitig mit einem Lieferanten Kontakt aufzunehmen und sich über dessen Planungszeiträume zu informieren. Unter Umständen haben Sie vom Alt-Eigentümer eine Empfehlung erhalten. Aber auch in dieser Branche lohnt der Preisvergleich.

Ämter und Behörden

Auch die Abfallentsorgung muss organisiert werden. Bei der Kommunalverwaltung erfahren Sie, wie das Entsorgungssystem vor Ort aussieht und wo Sie sich anmelden. Üblicherweise ist die Kommune oder der Landkreis zuständig. Für die Berechnung der Gebühren ist – neben dem Übernahmetermin – vielerorts die Zahl der Bewohner der Immobilie maßgeblich.

Mit einem Wohnortwechsel ändert sich auch das zuständige Finanzamt. Dort sollten Sie sich gleichfalls melden. Die Kontaktdaten finden Sie beim Bundeszentralamt für Steuern (bzst.de). Von der Behörde bekommen Sie eine neue Steuernummer. Die Steuer-ID bleibt erhalten. Die Finanzbehörden sind für Einkommens- und Umsatzsteuer federführend. Sie errechnen auch die Grundsteuer. Bei dieser Steuer handelt es sich um eine Jahressteuer. Eine anteilige Verrechnung im Falle eines Eigentümerwechsels gibt es nicht. Wer am 1. Januar eines Jahres Eigentümer ist, bleibt für das gesamte Jahr Schuldner. Als neuer Eigentümer erhalten Sie vom Finanzamt einen Grundsteuermessbescheid. Die Kommune fordert Sie dann zur Zahlung auf.

Dienstleister

Ihre bisherigen Serviceanbieter etwa für Telefon, Internet, Kabel-TV müssen die neue Anschrift kennen, der ARD ZDF Deutschlandradio Beitragsservice desgleichen. Auch Verlage, bei denen Sie eine Zeitung oder Zeitschrift abonniert haben, Anbieter von Kundenkarten für Bahn, ÖPNV und Einzelhandel, Vereine und Freizeiteinrichtungen sollten Sie in Kenntnis setzen.

Es ist durchaus wahrscheinlich, dass neue Dienstleister hinzukommen. Vor allem über einen Winterdienst, der bei Schnee und Eis den Gehweg vor dem Haus räumt, sollten Sie nachdenken. Als Eigentümer haben Sie die Verkehrssicherungspflicht. Kommt jemand zu Schaden, haften Sie. Um einen Installateur für die regelmäßige Wartung der Heizungsanlage sollten Sie sich ebenfalls frühzeitig kümmern. Und schließlich ist ein Wechsel der Hausbank eine Überlegung wert. Viele Geldinstitute bieten einen Umzugsservice an.

Wohnsitz ummelden

Wenn Sie in die neue Immobilie eingezogen sind, müssen Sie den neuen Wohnsitz innerhalb von zwei Wochen beim zuständigen Einwohnermeldeamt anmelden. Dort werden

UNSER RAT

Kontakt zur Wohnungseigentumsverwaltung

Viele Verwalter von Wohnungseigentümergemeinschaften haben einen standardisierten Ablauf für die Integration neuer Eigentümer. Häufig erhalten diese ein Begrüßungsschreiben mit Hinweisen auf die rechtlichen Grundlagen der Gemeinschaft, einem Formular zur Erfassung der Stammdaten, dem aktuellen Wirtschaftsplan und einem Formular zur Einzugsermächtigung der Hausgelder. Darüber hinaus haben viele Verwaltungen Vordrucke für eine gemeinsame Erklärung, in der Verkäufer und Käufer verbindlich erklären, ab welchem Zeitpunkt Rechte und Pflichten – und damit auch die Zahlung der Hausgelder – übergehen.
Wenn Ihre Verwaltung nicht ohnehin auf Sie zukommt, sollten Sie das Unternehmen mit ein paar freundlichen Zeilen benachrichtigen oder auch zu Bürosprechzeiten vorbeischauen. Dieser Dienstleister ist für Sie künftig ein wichtiger Ansprechpartner. Wer noch keine Erfahrung mit Wohnungseigentum hat, wird in der Anfangszeit manch eine Frage haben.

auch die Daten im Chip des Personalausweises geändert und der Ausweis mit einem Adressaufkleber versehen. Im Reisepass müssen Sie die Adresse nur dann ändern lassen, wenn die neue Anschrift in einem neuen Wohnort liegt, nicht aber wenn Sie innerhalb desselben Ortes umgezogen sind. Falls Sie in einer Anwohnerparkzone wohnen, brauchen Sie einen Parkausweis. Den gibt es ebenfalls bei der Kommunalverwaltung.

Mit dem neuen Personalausweis in der Hand können Sie Ihr Fahrzeug ummelden. Fahrzeugschein und -brief müssen angepasst und (bei Wohnortwechsel) neue Nummernschilder vergeben werden.

Mit einem Nachsendeauftrag und neuen Namensschildern an Briefkasten und Klingel stellen Sie sicher, dass auch Post von Absendern, die noch nicht über den Umzug informiert sind, bei Ihnen ankommt. Bedenken Sie jedoch, dass ein solcher Auftrag nur für die Deutsche Post und nicht für private Zustelldienste gilt.

Wohngebäudeversicherung

Eine gesetzliche Pflicht, eine Wohngebäudeversicherung abzuschließen, gibt es nicht. Selbst eine Feuerversicherung, die bis 1994 noch vorgeschrieben war, ist heute nicht mehr verpflichtend. Dennoch ist eine solche Versicherung sehr weit verbreitet und grundsätzlich empfehlenswert. Wird das Haus mit einem Kredit finanziert, verlangt die Bank meist eine Wohngebäudeversicherung. Sie schützt vor den finanziellen Folgen von Schäden am Gebäude. Versicherbare Gefahren sind Feuer, Sturm, Hagel und Leitungswasser. Meist werden diese vier Bausteine im Paket versichert. Bei Starkregen, Überschwemmung, Lawinen, Erdbeben und anderen Naturgefahren greift die Wohngebäudeversicherung nicht automatisch. Der Zusatz „Elementarschutz" muss in der Regel extra abgeschlossen werden. Angesichts der häufigen und extremen Wetterereignisse ist auch das ratsam.

Im Regelfall wird die Wohngebäudeversicherung als „gleitende Neuwertversicherung" abgeschlossen. Basis ist der fiktive Wert des Hauses im Jahr 1914. Daraus werden nach einem standardisierten Verfahren der aktuelle Wert und der Jahresbeitrag abgeleitet. Nach einem Totalschaden bezahlt der Versicherer den Wiederaufbau des Hauses zu den aktuellen Baupreisen. Das gilt für den kompletten Wiederaufbau mit allem, was fest angebracht ist – vom Keller bis zum Dach, inklusive Heizungsanlage, Wasserleitungen, Regenrinnen. Allerdings zahlt er nur, wenn der Kunde sein Haus tatsächlich wieder aufbaut. Eine Barentschädigung ist ausgeschlossen. In der Regel sehen die Verträge vor, dass das Haus innerhalb von drei Jahren wieder errichtet werden muss.

Beim Erwerb einer gebrauchten Immobilie geht der bestehende Versicherungsvertrag vom Veräußerer an den Käufer über. Das regelt das Versicherungsvertragsgesetz. Dem Käufer steht jedoch innerhalb eines Monats nach der Eigentumsübertragung ein Sonderkündigungsrecht zu. Diese Option sollten Sie nicht unbesehen vergeben, sondern sich informieren. Sowohl die Leistungen als auch die Tarife sind extrem unterschiedlich. Eine Übersicht finden Sie unter test.de/Wohngebaeudeversicherung. Bestand bislang noch keine Gebäudeversicherung, ist es ratsam, eine abzuschließen, samt Elementarschutz.

Wichtig ist ein genauer Leistungsvergleich. Die Versicherung sollte vollen Schutz bei grober Fahrlässigkeit enthalten, unabhängig von der Höhe des Schadens. Daneben sind fünf weitere Leistungen unverzichtbar:

→ Abbruch- und Aufräumkosten

→ Bewegungs- und Schutzkosten für auszulagerndes Mobiliar

→ Mehrkosten beim Wiederaufbau durch behördliche Auflagen

→ Dekontamination des Erdreichs, zum Beispiel durch Erdöl oder Brandschutt

→ Überspannung durch Blitzschlag

Wichtig sind je nach Beschaffenheit von Haus und Grundstück darüber hinaus Zu- und Ableitungsrohre, Aufräumkosten für Bäume, Mehrkosten für Beseitigung von Restwerten, Fahrzeuganprall oder Kosten für Sachverständige.

Wie viel eine Wohngebäudeversicherung kostet, hängt – außer von den Leistungen – vor allem von der Größe eines Hauses, seinem Alter, seiner Lage und Ausstattung ab. Beim zusätzlichen Elementarschutz spielt die Einstufung des Standorts in eine Risikokategorie eine entscheidende Rolle. Der Jahresbeitrag für ein 20 Jahre altes Haus ohne Elementarschutz ist bei sehr gutem Versicherungsschutz unter 400 Euro zu haben. Für den Elementarschutz kommen gut 50 Euro oben drauf. Es gibt jedoch auch Anbieter, die mehr als den vierfachen Jahresbeitrag aufrufen. Das haben wir in einem Vergleich im Oktober 2024 ermittelt.

Wenn Sie ein Gebäude mit einer PV-Anlage erwerben, müssen Sie beachten: In der normalen Wohngebäudeversicherung ist die Solaranlage gegen Schäden durch Brand, Unwetter oder Überschwemmung geschützt, nicht aber gegen Diebstahl, Ertragseinbußen, Marderschäden oder Bedienungs- und Konstruktionsfehler. Wer solche Risiken versichern will, muss entweder einen Zusatzbaustein zur Wohngebäudeversicherung oder eine separate Photovoltaik-Police abschließen.

Haftungsfragen

Eine Privathaftpflichtversicherung ist für jedermann – auch und gerade für Immobilieneigentümer – unverzichtbar. Sie schützt vor finanziellen Folgen eigener Fehler. Wenn ein loser Dachziegel eine Passantin schwer verletzt oder die Postbotin auf dem vereisten Gehweg ausrutscht, haftet der Verantwortliche mit seinem gesamten Vermögen für die Personen- oder Vermögensschäden. Guten Schutz für die gesamte Familie gibt es schon für unter 100 Euro im Jahr. Die meisten Tarife enthalten Deckungserweiterungen, die für Immobilieneigentümer von Belang sind, so der Stiftung-Warentest-Vergleich aus dem Herbst 2023 (test.de/privathaftpflicht). In 28 der 30 untersuchten Policen waren Schäden, die bei Bauvorhaben bis zu 100 000 Euro entstehen, ohne Aufpreis bis zu einer Schadenshöhe von mindestens 10 Millionen Euro mitversichert. Auch die Haftung für PV-Anlagen und unterirdische Heizöltanks ist bei den allermeisten Anbietern enthalten. Der Hauskauf ist ein guter

UNSER RAT

Versicherungen für Wohnungseigentümer

Die Eigentümergemeinschaft ist mit einer gemeinsamen Haus- und Grundbesitzerhaftpflicht geschützt, wenn aufgrund einer Gefahr, die vom Gemeinschaftseigentum ausgeht, eine Sache beschädigt oder eine Person verletzt wird. Wer als neuer Eigentümer der Gemeinschaft beitritt, beteiligt sich über seine Hausgeldzahlungen an dieser und allen anderen bestehenden gemeinschaftlichen Versicherungen. Diese Versicherung deckt jedoch nicht die Risiken ab, die vom Sondereigentum – also der eigenen Wohnung und den zugeordneten Räumen – ausgehen. Fegt ein Sturm einen Blumenkasten oder ein Steckersolargerät vom Balkon auf den Gehsteig und verletzt einen Passanten, dann haftet der jeweilige Wohnungseigentümer. Für Selbstnutzer greift in solchen Fällen meist die Privathaftpflichtversicherung. Vermieter können das Vermieterrisiko dort mitversichern oder eine gesonderte Haus- und Grundbesitzerhaftpflichtversicherung für ihr Sondereigentum abschließen.
Selbstnutzer haben darüber hinaus meist eine Hausratversicherung. Weitere optionale Versicherungen für Wohnungseigentümer sind Rechtsschutzversicherungen mit Bausteinen für Selbstnutzer oder Vermieter, die Restschuldversicherung und die Mietausfallversicherung.

Anlass, die eigene Police zu prüfen beziehungsweise sich um einen neuen Anbieter mit entsprechenden Leistungen zu kümmern. Für größere Bauvorhaben, wie etwa eine Komplettsanierung, sollten Sie eine Bauherrenhaftpflichtversicherung abschließen. Sie ist zeitlich befristet.

Absicherung für Kreditnehmer

Die Kreditraten sind hoch, aber plötzlich fällt das Einkommen weg – das ist die Horrorvorstellung fast jedes Immobilienkäufers. Wenn Sie eine Risikolebensversicherung haben, die im Todesfall mindestens die Darlehenssumme abdeckt, können Ihre Hinterbliebenen die Raten von diesem Geld weiterzahlen. Eine Risikolebensversicherung über einen hohen Betrag macht auch Sinn, wenn Sie nicht nur Ihren Kredit, sondern auch den Lebensstandard Ihrer Familie absichern wollen.

Alternativ können Sie mit einer Restschuldversicherung für den Fall vorsorgen, dass sie die Kreditrate wegen langer Krankheit, Arbeitslosigkeit oder gar Tod nicht mehr zahlen können. Diese Risiken lassen sich allein oder auch kombiniert absichern. Unsere Untersuchung im Dezember 2020 hat ergeben: Die Absicherung des Todesfalls ist überwiegend sehr gut und gut, die der Arbeitsunfähigkeit in den meisten Fällen mangelhaft. Das liegt vor allem an der Definition, wann jemand arbeitsunfähig ist.

Werden Tod, Arbeitsunfähigkeit und Arbeitslosigkeit versichert, verdoppelt sich der Zinssatz fast immer. Restschuldversicherungen werden von Kreditinstituten angeboten. Doch Achtung: Kreditvertrag und Versicherungsvertrag sind zwei Paar Schuhe. Sie allein entscheiden, ob Sie auch eine Versicherung abschließen. Als Entscheidungsgrundlage sollten Sie von der Bank die Gegenüberstellung der Kosten für einen Kredit mit und ohne diese Versicherung erstellen lassen. Darin sollten der Gesamtkreditbetrag, die monatlichen Raten und der Effektivzins enthalten sein.

Bestehende Verträge anpassen

Bisherige Versicherungen müssen Sie nicht nur über die neue Postanschrift informieren. Sie sollten auch im Blick haben, dass Hauskauf und Umzug eine Reihe von Veränderungen mit sich bringen, die versicherungsrelevant sind.

Meist vergrößert sich der Hausrat. Dann muss die Hausratversicherung angepasst werden. In der Kfz-Versicherung werden Sie bei Wohnortwechsel in der Regel in eine andere Regionalklasse eingestuft. Die Prämie kann dann höher oder auch niedriger ausfallen als bisher. Und wenn der Pkw künftig in der abgeschlossenen Garage unterkommt, hat das bei den meisten Versicherern ebenfalls Auswirkungen auf den Tarif. Sie haben eine Rechtsschutzversicherung? Diese ist in der Regel auf die Lebensbereiche „Privat", „Beruf" und „Verkehr" ausgelegt. Für Vermieter und Eigentümer bieten viele Unternehmen einen Zusatzbaustein „Wohnen" an. Der kostet meist zusätzlich, zwischen 50 und 100 Euro im Jahr.

Mängel und Gewährleistung

Leider kommt es beim Kauf einer Immobilie immer wieder vor, dass der Erwerber nach dem Einzug einen Mangel wie beispielsweise Holzbock- oder Schimmelbefall entdeckt. Wenn Sie den Voreigentümer wegen eines solchen Mangels in Regress nehmen möchten, müssen Sie einen Termin im Blick haben: die Verjährungsfrist, oft auch Gewährleistungszeit genannt.

Beim Kauf einer neuen oder im Bau befindlichen Immobilie beträgt die Verjährungsfrist nach dem Bürgerlichen Gesetzbuch immer fünf Jahre. Das gilt auch für den Erwerb einer Bestandswohnung von einem gewerblichen Verkäufer oder Bauträger. Achten Sie in diesem Fall darauf, dass der Kaufvertrag keine vom BGB abweichenden Regeln enthält. Wenn Sie einen Mangel feststellen, sollten Sie schnell handeln (siehe Hinweise oben rechts). Außerdem empfiehlt sich eine sorgfältige Begehung mit ausreichend zeitlichem Vorlauf vor Ablauf der Fünfjahresfrist.

Ist der vorherige Eigentümer hingegen eine Privatperson, so schließt diese meist ihre Haftung für Mängel im Kaufvertrag aus. Klauseln wie „gekauft wie gesehen" heißen: Mängel, die Sie als Käufer gesehen haben oder hätten sehen können, fallen Ihnen zu Lasten. Der Verkäufer haftet dann nur für Mängel, die er arglistig verschwiegen hat. Als Käufer müssen Sie also nicht nur belegen, dass es einen Mangel gibt, sondern auch, dass der Verkäufer den Mangel kannte. Wenn Sie den Beweis – etwa anhand von Protokollen von Eigentümerversammlungen oder von Handwerkern dokumentierten Reparaturversuchen führen können, haben Sie einen Anspruch, dass der Voreigentümer die Mängel beseitigen lässt oder Schadenersatz zahlt. In der Praxis führen solche Fälle jedoch meist zu jahrelangem Streit und wenig befriedigenden Lösungen. Das Risiko lässt mit fachlicher Begleitung bei der Besichtigung zumindest ein wenig reduzieren.

UNSER RAT

Mängel beim Neubau oder dem Erwerb von einem Unternehmen

➜ Schalten Sie eine Gutachterin ein. Sie sieht sich den Schaden genau an und kann einschätzen, wie lange er schon besteht.

➜ Versuchen Sie, in einem Gespräch eine Lösung zur Schadensbehebung zu finden.

➜ Kann keine Einigung erzielt werden, formulieren Sie eine schriftliche Mängelrüge und setzen Sie eine Frist zur Behebung der Mängel.

➜ Notfalls müssen Sie vor Gericht ziehen.

➜ Mehr zum Umgang mit Mängeln erfahren Sie in unserem Ratgeber „Baumängel und Bauschäden".

Service

Über unser Set hinausgehende Hilfe finden Sie bei den thematisch sortierten Anlaufstellen in unserer Rubrik „Adressen und hilfreiche Links". Das Register verschafft zielgerichteten Zugriff auf konkrete Passagen unseres Ratgebers. Die anschließenden Formulare, Checklisten und Vorlagen bieten Ihnen praktische Unterstützung bei der Planung sowie bei der Umsetzung Ihres Immobilienkaufs.

Adressen und hilfreiche Links

Baubegleitung/ Baukontrolle

Bauherren-Schutzbund e. V.
Tel. 030/40033 95 00
office@bsb-ev.de
bsb-ev.de

DIHK Deutsche Industrie- und Handelskammer
Verzeichnis der öffentlich bestellten und vereidigten Sachverständigen
svv@dihk.de
svv.ihk.de/

Verband Privater Bauherren e. V.
Tel. 030/278901–0
info@vpb.de
vpb.de

Energieberatung

Energieberatung der Verbraucherzentrale
Tel. 0800/8098024 00
verbraucherzentrale-energieberatung.de

Energie-Effizienzexperten (betreut von dena – Deutsche Energieagentur)
Tel. 030/66777
energie-effizienz-expterten.de

co2online gGmbH
Tel. 030/7676850
kontakt@co2online.de
co2online.de

Finanzierung und Fördermittel

Bundesamt für Wirtschaft und Ausfuhrkontrolle
Tel. 061 96/9 08–0
poststelle@bafa.de-mail.de
bafa.de

KfW Bankengruppe (KfW)
Tel. 069/7431–0
info@kfw.de
kfw.de

Die Landesförderbanken haben teils eigene Programme für Käufer von Wohneigentum. Hier gibt es eine Übersicht der Institute:
investitionsbank.info

Bei der Suche nach Fördermitteln sind Datenbanken hilfreich:
foerderdatenbank.de
co2online.de
deutschland-machts-effizient.de

Immobilienwirtschaftliche Verbände

Haus & Grund Deutschland – Zentralverband der Deutschen Haus-, Wohnungs- und Grundeigentümer e. V.
Tel. 030/20216–0
info@hausundgrund.de
hausundgrund.de

Verband Wohneigentum e. V.
Tel. 0228/60468–20
bund@verband-wohneigentum.de
verband-wohneigentum.de

Verein Deutscher Wohnungseigentümer e. V.
Tel. 030/514888210
info@vdwe.de
www.vdwe.de

Wohnen im Eigentum – Die Wohneigentümer e. V.
Tel. 0228/304126–70
info@wohnen-im-eigentum.de
wohnen-im-eigentum.de

Immobiliensuche

Online-Portale:
immobilienscout24.de
immowelt.de
immonet.de

Makler sind über den Branchenverband IVD mit seinen Regionalverbänden zu finden:
Immobilienverband IVD
Bundesverband
Tel. 030/27 5726–0
info@ivd.net
ivd.net

Zwangsversteigerungen werden hier angekündigt:
zwangsversteigerung.de
zvg.com
zvg-portal.de

Recht: Anwälte und Notarinnen

Bundesrechtsanwaltskammer
Tel: 030/2849390
zentrale@brak.de
brak.de

Bundesnotarkammer
Tel. 030/383 86 60
bnotk@bnotk.de
bnotk.de
notar.de

Deutscher Anwaltverein (DAV) e. V.
Tel. 030/7261520
dav@anwaltverein.de
anwaltverein.de

Rechtsanwälte aus den Gebieten Bau- und Architektenrecht, Miet- und Wohnungseigentumsrecht sind auch über folgende Suchplattform zu finden: https://web2.cylex.de

Die meisten immobilienwirtschaftlichen Verbände (s. o.) bieten Rechtsberatung für ihre Mitglieder an.

Wertermittlung

BORIS-D (Gemeinschaftsprojekt mehrerer Bundesländer zur Darstellung der Bodenrichtwerte der Gutachterausschüsse für Grundstückswerte)
bodenrichtwerte-boris.de

Bundesverband öffentlich bestellter und vereidigter sowie qualifizierter Sachverständiger
Tel. 0 30/25593 8–0
info@bvs-ev.de
bvs-ev.de

Grundstücksmarktberichte der Gutachterausschüsse
redaktion-akoga.niedersachsen.de/

Preisspiegel der Landesbausparkassen
lbs-markt-fuer-wohnimmobilien.de/inhalt/preisspiegel/

Register

100% Recyclingpapier · Produziert in Deutschland

Eva Kafke Eva Kafke ist Fachjournalistin für Immobilienthemen. In ihrer Arbeit begleitete sie auch intensiv die Entstehung und Novelle des Gebäudeenergiegesetzes sowie des Wohnungseigentumsgesetzes. Im Buchprogramm der Stiftung Warentest erschienen bereits mehrere Ratgeber von ihr, unter anderem „Das Sanierungs-Set", sowie unter ihrer Mitwirkung das „Handbuch Eigentumswohnung".

Die Stiftung Warentest wurde 1964 auf Beschluss des Deutschen Bundestages gegründet, um Verbraucherinnen und Verbrauchern durch vergleichende Tests von Waren und Dienstleistungen eine unabhängige und objektive Unterstützung zu bieten. Mehr zu unserem Qualitätsanspruch und viele weitere Bücher finden Sie unter www.test.de.

Stiftung Warentest

Stiftung Warentest
Lützowplatz 11–13
10785 Berlin
www.test.de
email@stiftung-warentest.de

USt-IdNr.: DE136725570

Vorständin: Julia Bönisch

Programmleitung: Niclas Dewitz
Autorin: Eva Kafke
Projektleitung: Alexandra Germann
Lektorat: Alexandra Germann
Korrektorat: Ilona Jaeger
Titelentwurf: Christian Königsmann
Layout: Martina Römer, Daniela Greven, Christian Königsmann
Grafik, Satz: Florian Brendel, Berlin
Bildnachweis: Adobe Stock (Titel)
Produktion: Anne-Katrin Körbi
Verlagsherstellung: Rita Brosius (Ltg.), Romy Alig, Susanne Beeh
Litho: tiff.any, Berlin
Druck: Fromm + Rasch GmbH & Co. KG, Osnabrück

ISBN: 978-3-7471-0943-4

Service
Alle Formulare können Sie auch kostenlos herunterladen unter
test.de/immobilienkauf-formulare

Tipps zum Herunterladen der Formulare:
Geben Sie den Link direkt in die Adresszeile des Browsers ein. Wer den Link bei Google eingibt, findet die Formulare nicht. Speichern Sie die Datei vor dem Öffnen und nutzen Sie den Adobe Reader, um die Formulare auszufüllen.

Formulare, Checklisten und Vorlagen

Bedarfsanalyse

Unsere vier Checklisten helfen Ihnen, ein individuelles Suchprofil zu erstellen. Das kann bei Besichtigungen zum Abgleich einer Immobilie mit den eigenen Wünschen und Bedürfnissen dienen.

Raumprogramm

Raum/Nutzung	Unsere gewünschte Größe (von/bis)	Anmerkungen
☐ Küche		
☐ Küche mit Essplatz		
☐ Wohnen		
☐ Wohnraum mit Essplatz		
☐ Wohnraum mit offener Küche und Essplatz		
☐ Schlafraum		
☐ Kinderzimmer 1		
☐ Kinderzimmer 2		
☐ Arbeitszimmer		
☐ Gästezimmer		
☐ Hobbyraum		
☐ Multifunktionsraum (z. B für Gäste und Hobby)		
☐ Abstellraum/ Hauswirtschaftsraum		
☐ Gäste-WC		
☐ Bad mit WC		
☐ Flur/Treppenhaus		
☐ Balkon/Terrasse		
☐ Keller oder Speicher		
☐ Gartenanteil/ Grundstücksgröße		
☐ Stellplatz für PKW/Fahrräder		
☐ Garage		
☐ Weitere Räume		

Anforderungen an das Gebäude

	gewünscht / auf keinen Fall / nicht notwendig	Anmerkungen
Architektur		
Anzahl der Wohneinheiten	☐ ☐ ☐	
Anzahl der Geschosse	☐ ☐ ☐	
Bauweise	☐ ☐ ☐	
Baujahr	☐ ☐ ☐	
Wesentliche konstruktive Materialien	☐ ☐ ☐	
Technische Ausstattung		
Wärmeerzeuger mit erneuerbaren Energien	☐ ☐ ☐	
Dezentrale Warmwasserbereitung	☐ ☐ ☐	
Photovoltaik	☐ ☐ ☐	
Lüftungsanlage (mit Wärmerückgewinnung)	☐ ☐ ☐	
DSL-/Glasfaser-Anschluss	☐ ☐ ☐	
Einbruchschutz	☐ ☐ ☐	
Barrierefreiheit		
Fahrstuhl/Treppenlift vorhanden oder nachrüstbar	☐ ☐ ☐	
Hauseingang	☐ ☐ ☐	
Zugang zu Balkon/Terrasse	☐ ☐ ☐	
Innenraumtüren	☐ ☐ ☐	
Badausstattung	☐ ☐ ☐	
Weitere Aspekte	☐ ☐ ☐	

Anbindung des Standorts

	Maximale Entfernung	Anmerkungen
☐ Öffentlicher Nahverkehr		
☐ Arbeitsplatz 1		
☐ Arbeitsplatz 2		

Anbindung des Standorts

	Maximale Entfernung	Anmerkungen
☐ Kita/Hort		
☐ Schule		
☐ Lebensmittel		
☐ Einkaufszentrum/ Geschäftsstraße		
☐ Medizinische Versorgung		
☐ Sport		
☐ Spielplatz		
☐ Jugendclub		
☐ Seniorentreff		
☐ Gemeindezentrum/Rathaus		
☐ Kino, Theater, Museum		
☐ Gastronomie		
☐ Parkmöglichkeiten		
☐ Grünanlagen		
☐ Naherholungsgebiet		
☐ Weitere Bezugspunkte		

Anforderungen an das Wohnumfeld

	gewünscht	auf keinen Fall	nicht notwendig	Anmerkungen
Anwohnerstraße	☐	☐	☐	
Erschließungsstraße	☐	☐	☐	
Durchgangsstraße	☐	☐	☐	
Kriterien Nachbarbebauung	☐	☐	☐	
Kriterien soziale Struktur	☐	☐	☐	
Ausrichtung des Gebäudes	☐	☐	☐	
Nähe zu Bahnhof/ Flughafen/Autobahn	☐	☐	☐	
Nähe zu Hochspannungsleitungen	☐	☐	☐	
Nähe zu Mobilfunkstationen	☐	☐	☐	
Weitere Aspekte	☐	☐	☐	

Kassensturz

Um zu wissen, wie viel ihre Immobilie maximal kosten darf, brauchen Sie zunächst einen fundierten Überblick über die eigenen flüssigen Mittel.

Wie hoch ist das verfügbare Eigenkapital?

	Verfügbarkeit (Datum)	Euro
Kernkapital		
Girokonto (abzüglich Reserve von 2 bis 3 Monatsnettogehältern)		
Sparbücher		+
Festgeldkonten		+
Aktien (zum Kurswert)		+
Anleihen (zum Kurswert)		+
Anteile an Fonds (Renten, Aktien, ETF, offene Immobilien zum Rücknahmepreis)		+
Bausparguthaben (sofern zuteilungsreif)		+
Mittel aus Riesterverträgen		+
Geldgeschenke aus der Verwandtschaft		+
Summe Kernkapital		=
Eigenkapitalersatz		
Arbeitgeberdarlehen (im Grundbuch nicht oder nachrangig abgesichert)		
Familiendarlehen/Kredite von Freunden		+
Sonstige Hilfen		+
Summe Eigenkapitalersatz		=
Summe Kernkapital		
Summe Eigenkapitalersatz		+
Summe Eigenkapital		=

Welche Darlehenssicherheiten können Sie aufbringen?

	Verfügbarkeit (Datum)	Euro
Festgeld, langfristig fixierte Sparpläne, Tagesgeld		
Kapitallebensversicherung (zum Rückkaufwert)		+
Rentenversicherungen (zum Rückkaufwert)		+
Schuldenfreies Immobilienvermögen (Immobilie, Grundstück, Marktwert minus 20 %)		+
Verkaufbare Unternehmensbeteiligungen		+
Bausparguthaben aus nicht zugeteilten Verträgen		+
Summe Darlehnssicherheiten		=

Wie hoch dürfen die Gesamtkosten mit dem verfügbaren Eigenkapital ausfallen?

	Verfügbarkeit (Datum)	Euro
Summe Eigenkapital (siehe Blatt 1)		
Eigenkapitalquote[1]		:
Mögliches Darlehen		=
Summe Eigenkapital		+
Maximale Gesamtkosten (mögliches Darlehen + Eigenkapital)		=

1 Banken empfehlen eine Eigenkapitalquote von 20 bis 30 Prozent. Sie können an dieser Stelle mit dem mittleren Faktor, also mit 25 Prozent, rechnen. Wenn Sie sich einen größeren Puffer lassen wollen, rechnen Sie mit 30 Prozent. Und wenn Sie ein hohes monatliches Einkommen haben, rechnen Sie mit 20 Prozent.

Kaufnebenkosten

Anhand der nachfolgenden Tabelle können Sie berechnen, welcher Anteil des Kaufpreises für Kaufnebenkosten hinzukommt.

Kaufnebenkosten zwischen 5 und 12,07 Prozent

Bundesland	Grunderwerbsteuer	Notar- und Grundbuchkosten[1]	Käuferanteil an der Maklercourtage[2]
Baden-Württemberg	5,0 %	1,5–2,0 %	3,57 %
Bayern	3,5 %		
Berlin	6,0 %		
Brandenburg	6,5 %		
Bremen	5,5 %		
Hamburg	5,5 %		
Hessen	6,0 %		
Mecklenburg-Vorpommern	6,0 %		
Niedersachsen	5,0 %		
Nordrhein-Westfalen	6,5 %		
Rheinland-Pfalz	5,0 %		
Saarland	6,5 %		
Sachsen	5,5 %		
Sachsen-Anhalt	5,0 %		
Schleswig-Holstein	6,5 %		
Thüringen	6,5 %		

1 Zirkaangabe 2 immobilien.sparkasse.de Stand: Dezember 2024

Anteil der Kaufnebenkosten am Kaufpreis

Grunderwerbsteuersatz des Bundeslandes, in dem die Immobilie liegt		%
Notar- und Grundbuchkosten	+	%
Käuferanteil an der Maklercourtage	+	%
Summe Anteil Kaufnebenkosten am Kaufpreis	=	%

Richtschnur für den maximalen Kaufpreis

Maximale Gesamtkosten (Formular B, Blatt 2)		€
1 + Anteil Kaufnebenkosten am Kaufpreis (siehe oben)	:	
Kaufpreis	=	€

Makler-Suchauftrag

Diese Informationen braucht ein Makler, um zielgerichtet suchen zu können:

Name

Straße

PLZ, Ort

Telefon, Mobil

Lage

Stadt/Stadtteil/Gemeinde

Region/Kreis

Gebäudeart

- ☐ Einfamilienhaus freistehend
- ☐ Doppelhaushälfte
- ☐ Reihenhaus
- ☐ Mehrfamilienhaus freistehend
- ☐ Mehrfamilienhaus in Reihe
- ☐ Eigentumswohnung
- ☐ Sonstiges

Bei Eigentumswohnung ☐ **bevorzugt** ☐ **ausgeschlossen**

- ☐ ☐ Erdgeschoss
- ☐ ☐ 1. OG
- ☐ ☐ 2. OG
- ☐ ☐ 3. OG
- ☐ ☐ 4. OG
- ☐ ☐ 5. OG

Größe

Anzahl Wohnräume bis

Wohnfläche bis m^2

Grundstücksgröße bis m^2

Kostenrahmen

Kaufpreis inkl. Nebenkosten bis €

Jährliche Nebenkosten bis m^2

Alter der Immobilie

Neubau geplan/genehmigt	☐ ja	☐ nein	☐ wichtig	☐ unwichtig
Neubau im Bau	☐ ja	☐ nein	☐ wichtig	☐ unwichtig
Neubau fertiggestellt/Erstbezug	☐ ja	☐ nein	☐ wichtig	☐ unwichtig
Bestandsimmobilie saniert	☐ ja	☐ nein	☐ wichtig	☐ unwichtig
Bestandsimmobilie sanierungsbedürftig	☐ ja	☐ nein	☐ wichtig	☐ unwichtig
Bestandsimmobilie Denkmalschutz	☐ ja	☐ nein	☐ wichtig	☐ unwichtig

Ausstattung

Energieeffizienzklasse (A–G)	bis		☐ wichtig	☐ unwichtig
Gewünschte Heizungsart			☐ wichtig	☐ unwichtig
Photovoltaik	☐ ja	☐ nein	☐ wichtig	☐ unwichtig
Barrierefreiheit, Aufzug	☐ ja	☐ nein	☐ wichtig	☐ unwichtig
Gäste-WC	☐ ja	☐ nein	☐ wichtig	☐ unwichtig
Vollbad	☐ ja	☐ nein	☐ wichtig	☐ unwichtig
Balkon/Terrasse	☐ ja	☐ nein	☐ wichtig	☐ unwichtig
Einbauküche	☐ ja	☐ nein	☐ wichtig	☐ unwichtig
Stellplatz für Pkw/Fahrräder, Garage	☐ ja	☐ nein	☐ wichtig	☐ unwichtig

Sonstiges

Bei Kauf als Anlage: Immobilie ist vermietet	☐ ja	☐ nein	☐ wichtig	☐ unwichtig
Gewerbliche Nutzung möglich	☐ ja	☐ nein	☐ wichtig	☐ unwichtig
Bei Eigentumswohnung: Haustiere erlaubt	☐ ja	☐ nein	☐ wichtig	☐ unwichtig

Termin

Einzugstermin frühestens/spätestens ______________________

Ausschluss von bestimmten Angeboten

Immobilien, die von Dritten über Internetbörsen angeboten werden	☐ ja	☐ nein
Zwangsversteigerungen	☐ ja	☐ nein

Exposé und Grundriss prüfen

Anhand der beiden Checklisten können Sie prüfen: Sind Exposé und Grundriss vollständig und verständlich? Entsprechen sie Ihrem Suchprofil? Welchen Eindruck vermitteln die Unterlagen von der Immobilie und ihrem Eigentümer?

Rahmendaten im Exposé

Objektart:
☐ Freistehendes Einfamilienhaus ☐ Doppelhaushälfte ☐ Reihenhaus ☐ Eigentumswohnung

Bei Wohnung ____ Etage ____ Zahl der Einheiten insgesamt

Adresse/grobe Lage ______________________________

Wohnfläche insgesamt ______________________________

Grundstücksfläche (bei Eigentumswohnung: Anteil am Grundstück) ______________________________

Anzahl der Räume ____

davon ____ Wohnräume ____ Küche ____ Bad ____ Abstell- oder andere Nebenräume

Baujahr ______________________________

Sanierungen ______________________________

Kaufpreis ______________________________

Maklercourtage ______________________________

Nebenkosten/Jahr ______________________________

Grundriss

In den Grundriss müssen alle erforderlichen Informationen eingearbeitet sein – Raumgrößen, Türen und Fenster, die Konstruktionsarten, Raumhöhen, Deckenhöhen, Unterzüge und Wandstärken. Achten Sie beim Lesen eines Grundrisses auf folgende Aspekte:

Positive Merkmale der Informationsaufbereitung

- [ ] Grundriss wirkt professionell gezeichnet und ist relativ neu (am besten mit Datum)
- [ ] Alle Etagen sind dargestellt
- [ ] Der Maßstab ist genannt
- [ ] Anschlüsse für Strom, Licht, Telefon, Internet sind eingezeichnet
- [ ] Symbole in einer Legende erläutert
- [ ] Himmelsrichtung ist mit einem Kompass oder Pfeil angezeigt
- [ ] Nutzräume sind bezeichnet
- [ ] Einbauten (z B. Küche) sind markiert
- [ ] Dachschrägen sind erkennbar (gestrichelte Linie)
- [ ] Informationen zum direkten Umfeld des Bauwerks (z. B. Außentreppen, Terrasse, Garage) sind integriert

Positive Merkmale des Grundrisses

- [ ] Kompakte Gebäudeform (kurze Wege, relativ gut beheizbar)
- [ ] Gewünschte Anzahl an Wohnräumen, Küchen(n), Bad/Bäder, Keller/Abstellräume usw.
- [ ] Ausreichende Raumgrößen für die gewünschten Funktionen
- [ ] Möbel passen hinein (Fläche, aber auch Wandlängen)
- [ ] Nassräume liegen nahe beieinander und direkt übereinander (kurze Leitungswege)

Negative Merkmale der Informationsaufbereitung

- [ ] Grundriss wirkt alt und ist evtl. sogar veraltet
- [ ] Grundriss ist von Hand gezeichnet und evtl. falsch

Negative Merkmale des Grundrisses

- [ ] Ungleichmäßige/asymmetrische Hausform (verwinkelt, lang und schmal u. a.)
- [ ] Wenig Wandfläche, viele bodentiefe Fenster, welche die Möblierung einschränken
- [ ] Ungünstiger Raumschnitt (verwinkelt, lange Schläuche etc.)
- [ ] Durchgangszimmer und gefangene Zimmer, die nur durch andere Räume erreichbar sind
- [ ] Hoher Flächenanteil von Flur, Dielen, Treppen
- [ ] Räume ohne Fenster oder mit wenig Tageslicht
- [ ] Verstreute Anordnung von Nassräumen (mehrere Rohrsysteme, Geräusche)

Umfeld-Check

Machen Sie sich vor Ort Notizen und gleichen Sie diese mit Ihrer Bedarfsanalyse ab.

Erster Gesamteindruck

Lage ☐ zentral ☐ vorstädtisch ☐ dörflich ☐ grün

Erkennbare Belastungen ☐ Straßen ☐ Bahn ☐ Bahn ☐ Gewerbe

Nachbarschaft ☐ gepflegt ☐ einfach ☐ ungepflegt

Bebauung ☐ vorwiegend Einfamilienhäuser ☐ vorwiegend Mehrfamilienhäuser ☐ Mischgebiet ☐ Baugebiet

Freiflächen ☐ Parks ☐ Wälder ☐ Felder ☐ Fluss/See

Entfernungen und Wegzeiten

ÖPNV-Haltestelle 1 ______ km, ______ min zu Fuß

ÖPNV-Haltestelle 2 ______ km, ______ min zu Fuß

Arbeitsplatz 1 ______ km, ______ min ÖPNV, ______ min Auto, Rad, zu Fuß

Arbeitsplatz 2 ______ km, ______ min ÖPNV, ______ min Auto, Rad, zu Fuß

Kita 1 ______ km, ______ min ÖPNV, ______ min Auto, Rad, zu Fuß

Kita 2 ______ km, ______ min ÖPNV, ______ min Auto, Rad, zu Fuß

Schule 1 ______ km, ______ min ÖPNV, ______ min Auto, Rad, zu Fuß

Schule 2 ______ km, ______ min ÖPNV, ______ min Auto, Rad, zu Fuß

Bahnhof ______ km, ______ min ÖPNV, ______ min Auto, Rad, zu Fuß

Flughafen ______ km, ______ min ÖPNV, ______ min Auto, Rad, zu Fuß

Einkauf (Lebensmittel, Einkaufszentrum/Geschäftsstraße) ______ km, ______ min ÖPNV, ______ min Auto, Rad, zu Fuß

Medizinische Versorgung ______ km, ______ min ÖPNV, ______ min Auto, Rad, zu Fuß

Sportangebote ______ km, ______ min ÖPNV, ______ min Auto, Rad, zu Fuß

Soziale Treffpunkte (Spielplatz, Jugendclub, Seniorentreff, Gemeindezentrum) ______ km, ______ min ÖPNV, ______ min Auto, Rad, zu Fuß

Kulturangebote (Kino, Theater, Museum, Gastronomie) ______ km, ______ min ÖPNV, ______ min Auto, Rad, zu Fuß

Natur (Grünanlagen, Naherholungsgebiet) ______ km, ______ min ÖPNV, ______ min Auto, Rad, zu Fuß

Besichtigung

Unsere Liste lenkt Ihren Blick bei der Erstbesichtigung: Versuchen Sie, den Zustand des Gebäudes anhand einer Skala (– 3 = sehr schlecht, 0 = weiß nicht, + 3 = sehr gut) einzustufen. Notieren Sie auch, wo erkennbar Reparatur- bzw. Sanierungsbedarf ist.

Grundstück/Außenanlagen

	-3	-2	-1	0	+1	+2	+3	Reparatur-/Sanierungsbedarf?
Einfriedung, Zaun, Pforte	☐	☐	☐	☐	☐	☐	☐	
Zufahrt	☐	☐	☐	☐	☐	☐	☐	
Garage/Carport	☐	☐	☐	☐	☐	☐	☐	
Zugang zum Haus, Treppe	☐	☐	☐	☐	☐	☐	☐	
Zugang zum Keller, Treppe	☐	☐	☐	☐	☐	☐	☐	
Wasseranschlüsse	☐	☐	☐	☐	☐	☐	☐	
Regenwasser-Speicher	☐	☐	☐	☐	☐	☐	☐	
Abwasser, Kanalisation	☐	☐	☐	☐	☐	☐	☐	
Stromanschlüsse	☐	☐	☐	☐	☐	☐	☐	
Terrasse	☐	☐	☐	☐	☐	☐	☐	
Nebengebäude	☐	☐	☐	☐	☐	☐	☐	
Garten	☐	☐	☐	☐	☐	☐	☐	

Gebäudehülle

	-3	-2	-1	0	+1	+2	+3	Reparatur-/Sanierungsbedarf?
Dach	☐	☐	☐	☐	☐	☐	☐	
Photovoltaik/Solarthermie	☐	☐	☐	☐	☐	☐	☐	
Entwässerung	☐	☐	☐	☐	☐	☐	☐	
Fassade (Dämmung, Putz, Anstrich)	☐	☐	☐	☐	☐	☐	☐	
Haussockel	☐	☐	☐	☐	☐	☐	☐	
Fenster	☐	☐	☐	☐	☐	☐	☐	
Sonnenschutz	☐	☐	☐	☐	☐	☐	☐	
Hauseingangstür	☐	☐	☐	☐	☐	☐	☐	
Balkon	☐	☐	☐	☐	☐	☐	☐	

Keller

	-3	-2	-1	0	+1	+2	+3	Reparatur-/Sanierungsbedarf?
Kellerwände, Dämmung	☐	☐	☐	☐	☐	☐	☐	________
Kellerböden	☐	☐	☐	☐	☐	☐	☐	________
Kellerdecke, Dämmung	☐	☐	☐	☐	☐	☐	☐	________
Lüftungsöffnungen	☐	☐	☐	☐	☐	☐	☐	________
Kellerfenster	☐	☐	☐	☐	☐	☐	☐	________
Elektrik, Licht, Verkabelung	☐	☐	☐	☐	☐	☐	☐	________
Rohre	☐	☐	☐	☐	☐	☐	☐	________
Heizungsanlage	☐	☐	☐	☐	☐	☐	☐	________
Hausanschlüsse	☐	☐	☐	☐	☐	☐	☐	________
Extras (Sauna, Werkstatt, …)	☐	☐	☐	☐	☐	☐	☐	________

Wohnräume

	-3	-2	-1	0	+1	+2	+3	Reparatur-/Sanierungsbedarf?
Wände	☐	☐	☐	☐	☐	☐	☐	________
Fußböden	☐	☐	☐	☐	☐	☐	☐	________
Decken	☐	☐	☐	☐	☐	☐	☐	________
Fenster	☐	☐	☐	☐	☐	☐	☐	________
Innentüren	☐	☐	☐	☐	☐	☐	☐	________
Elektrik, Licht, Verkabelung	☐	☐	☐	☐	☐	☐	☐	________
Telefon	☐	☐	☐	☐	☐	☐	☐	________
Bäder/Sanitäranlagen	☐	☐	☐	☐	☐	☐	☐	________
Heizungsinstallation	☐	☐	☐	☐	☐	☐	☐	________
Klima-/Lüftungsanlagen	☐	☐	☐	☐	☐	☐	☐	________
Digitalisierung Haustechnik	☐	☐	☐	☐	☐	☐	☐	________
Treppen	☐	☐	☐	☐	☐	☐	☐	________

Dachraum

	-3	-2	-1	0	+1	+2	+3	Reparatur-/Sanierungsbedarf?
Wände	☐	☐	☐	☐	☐	☐	☐	________
Fußboden, Dämmung	☐	☐	☐	☐	☐	☐	☐	________
Dachflächen, Dämmung	☐	☐	☐	☐	☐	☐	☐	________
Dachfenster, Ausstieg	☐	☐	☐	☐	☐	☐	☐	________
Schornstein	☐	☐	☐	☐	☐	☐	☐	________

Wohnungseigentümergemeinschaft

Wer eine Eigentumswohnung erwirbt, wird Teil einer Gemeinschaft. Wichtig ist zu wissen, wie gut diese funktioniert und wie die wirtschaftliche Situation aussieht. Darüber geben zahlreiche Unterlagen Auskunft. Unsere Checkliste hilft bei der Durchsicht: Kontrollieren Sie, dass alle Unterlagen vorliegen, und betrachten Sie inhaltlich vor allem die genannten Prüfpunkte.

Teilungserklärung mit Aufteilungsplan und/oder Gemeinschaftsordnung

- ☐ Angaben zur Wohneinheit: Lage im Haus, Wohnfläche, Sondernutzungsrechte
- ☐ Höhe der eigenen Miteigentumsanteile
- ☐ Gebrauchsbeschränkung(en)
- ☐ Verfügungsbeschränkung(en) (z. B. Zustimmung zum Verkauf)
- ☐ Kostenverteilungsschlüssel
- ☐ Stimmrecht
- ☐ Erhaltungspflichten der Eigentümer
- ☐ Regeln zum Zusammenleben (Ruhezeiten, Musizieren, Haustiere)

Hausordnung

- ☐ Regeln zum Zusammenleben (Ruhezeiten, Musizieren, Haustiere)

Jahresabrechnung

- ☐ Sämtliche Einnahmen und Ausgaben der WEG im letzten Wirtschaftsjahr
- ☐ Einzelabrechnungen für jeden Eigentümer
- ☐ Entwicklung der Rücklagen

Wirtschaftsplan

- ☐ Voraussichtliche Einnahmen und Ausgaben der Gemeinschaft im kommenden Jahr
- ☐ Höhe der Hausgeld-Vorschüsse
- ☐ Beitragsleistungen für Erhaltungsrücklagen

Vermögensbericht

- ☐ Vorhandene Erhaltungsrücklage, beschlossene vorgesehene Rücklage
- ☐ Verbindlichkeiten der Gemeinschaft
- ☐ Größere Vermögensgegenstände

Protokolle Eigentümerversammlung

- ☐ Häufigkeit der Sitzungen
- ☐ Art der Durchführung (virtuell, Präsenz, hybrid)
- ☐ Kostenverteilungsschlüssel
- ☐ Wiederkehrende Streitpunkte
- ☐ Auffallende Eigentümer
- ☐ Rechtsstreitigkeiten

Beschlussammlung

- ☐ Anstehende Maßnahmen
- ☐ Abstimmungsverhalten
- ☐ Kostenverteilungsschlüssel
- ☐ Gerichtliche Entscheidungen

Verwalter-Vertrag

- ☐ Rechte und Pflichten der Verwaltung
- ☐ Dauer der Bestellung
- ☐ Vergütung

Finanzierungskonzept

Mit diesem Formular helfen wir Ihnen, aus dem vorhandenen Eigenkapital und den Investitionskosten den Finanzierungsbedarf zu ermitteln. Im Anschluss können Sie anhand monatlicher Einnahmen und Ausgaben ausrechnen, wie hoch Ihre Kreditrate maximal ausfallen darf.

Schritt 1: Investitionskosten präzisieren

Mit der Auswahl der Wunschimmobilie wissen Sie, welche Erwerbskosten und wichtigen Nebenkosten auf Sie zukommen.

	Euro
Kaufpreis	
Maklercourtage (aus Maklerangebot)	+
Notar- und Grundbuchgebühr (pauschal 1,5 bis 2 % des Kaufpreises)	+
Grunderwerbsteuer (Steuersatz siehe Formular C „Kaufnebenkosten")	+
Voraussichtliche Sanierungs- und Modernisierungskosten (Schätzung eines Bauherrenberaters)	+
Noch nicht abgerechnete Erschließungskosten (vom Bauträger oder Bauamt erfragen)	+
Renovierungskosten bisherige Immobilie	+
Umzugskosten (Schätzung oder Kostenvoranschlag)	+
Notwendige Einrichtung (z. B. Küche)	+
Arbeiten im Garten/an Außenanlagen	+
Absehbare Sonderumlage (bei Eigentumswohnung)	+
Summe Investitionskosten	=

Schritt 2: Finanzierungsbedarf ermitteln

Um den Finanzierungsbedarf zu berechnen, greifen Sie auf die Summe des Eigenkapitals im Formular B „Kassensturz" zurück und vergleichen sie mit den Investitionskosten.

	Euro
Investitionskosten (siehe oben)	
Summe Eigenkapital (aus Formular B)	–
Finanzierungsbedarf	=

Schritt 3: Monatliche Belastbarkeit festlegen

	Euro
Einnahmen pro Monat	
Nettogehalt Kreditnehmer/in 1	
Nettogehalt Kreditnehmer/in 2	+
Kindergeld	+
Zinserträge auf langfristige Anlagen, die nicht gekündigt werden (Übernahme des Vorjahreswerts)	+
Andere Einkünfte (z. B. selbstständige Tätigkeiten, laufende Unterstützung durch Verwandte)	+
Netto-Mieteinnahmen bei Vermietung und Verpachtung	+
Summe Einnahmen pro Monat	=
Ausgaben pro Monat	
Lebenshaltung	
Lebensmittel, Körperpflege, Kleidung (Kartenzahlung, Überweisungen)	
Lebenshaltung (Barzahlungen)	+
Wohnen	
Strom[1]	+
Wärme (Heizung, Warmwasser)[1]	+
Wasser (Frischwasser, Abwasser)	+
Abfallentsorgung	+
Kommunikation (Festnetz, Mobilfunk, Internet)	+
Fahrrad (Wartung/Reparatur, Versicherung etc.)	+
Handwerker (regelmäßige Wartungen)	+
Hausgeld (bei vermietetem Eigentum)	+
Versicherungen und Finanzen	
Grundsteuer[2]	+
Bankgebühren	+
Versicherungen (z. B. Haftpflicht-, Berufsunfähigkeit-, private Kranken-, Rechtschutz-, Wohngebäude-)[3]	+
Raten für Darlehen oder Leasing 1	+
Raten für Darlehen oder Leasing 2	+
Zwischensumme	=

Übertrag	
Geldanlagen und Vorsorge	
Sparpläne	+
Bausparvertrag (falls er nicht aufgelöst wird)	+
Riester-Vertrag	+
Private Rentenversicherung	+
Risikolebensversicherung	+
Beitrag zur Betriebsrente	+
Freizeit	
Unterhaltung (Rundfunkbeitrag, Streamingdienst/Pay-TV, Kabelfernsehen, Abo Zeitung/Zeitschrift)	+
Mitgliedschaften Vereine (Sport, Kultur, Soziales)	+
Tiere	+
Sonstiges (Hobby)	+
Mobilität	
ÖPNV (Monatskarte, Bahncard, Einzeltickets)	+
Kfz (Steuer, Versicherung, Stellplatz, Automobilclub, Wartung/ Reparatur, Benzin)	+
Fahrrad	+
Kinder	
Kita/Betreuung	+
Bildung (Gebühren Schule/Studium, Schulessen, sonstiger Unterricht)	+
Unterhaltszahlungen	+
Sonstiges (Auslandsjahr)	+
Umlage jährlicher variabler Kosten (realistische Schätzungen)	
Anschaffungen Hausrat (Einrichtung, Garten)	+
Reparaturen[4]	+
Erhaltungsrücklage selbstgenutzte Immobilie[4]	+
Veranstaltungen (Theater, Konzert, Kino)	+
Medizinische Kosten (Medikamente, ärztliche Behandlungen, Brille, Zahnersatz)	+
Urlaub I	+
Urlaub II	+
Geschenke zu Geburtstagen	+
Geschenke zu Weihnachten	+
Sonstiges	+
Summe Ausgaben pro Monat	=

Schritt 4: Mögliche Kreditrate errechnen

Summe Einnahmen pro Monat (siehe Blatt 2)	
Summe Ausgaben pro Monat (siehe Blatt 3)	–
Sicherheitsreserve (z. B. 10 % der Lebenshaltungskosten)	–
Maximale Belastbarkeit pro Monat	=

1 Hier müssen Sie mit Schätzungen arbeiten. Co2online veröffentlicht jährlich den durchschnittlichen Heizwärme- und Stromverbrauch nach Gebäudeart und Wohnfläche (Links: heizspiegel.de, stromspiegel.de). Orientieren Sie sich an der gewünschten Größe der Immobilie und der gewünschten Energieeffizienzklasse.

2 Die Grundsteuer kann je nach Gebäude und Lage 180 oder auch 750 Euro im Jahr betragen. Ohne konkretes Objekt lässt sie sich kaum vorhersagen. Auf der sicheren Seite sind Sie, indem Sie einen hohen Betrag annehmen.

3 Bei Versicherungsbeträgen müssen Sie bedenken, dass diese möglicherweise teurer werden. So muss beispielsweise die Wohngebäudeversicherung angepasst werden, wenn sich der Wert der Immobilie erhöht. Und für eine PV-Anlage ist meist eine zusätzliche Versicherung oder ein Ergänzungsbaustein erforderlich.

4 Mit den Kosten für Reparaturen und Instandhaltungen können Sie unterschiedlich verfahren. Versuchen Sie zunächst einzuschätzen, ob es sich bei dem betrachteten Jahr um ein durchschnittliches Jahr gehandelt hat. Dann können Sie mit den Ausgaben für Handwerker, Materialien und Anschaffungen arbeiten. Betrachten Sie dazu die Kosten aus mindestens zwei Jahren und bilden einen Mittelwert. Alternativ können Sie eine Instandhaltungspauschale von mindestens 1 Euro pro Quadratmeter im Monat veranschlagen.

Unterlagen für das Kreditgespräch

Falls die Bank keine Liste zu benötigten Unterlagen veröffentlicht, sind Sie mit den folgenden Dokumenten gut gewappnet.

Kreditnehmer

Dokumente	Wer erstellt sie? Wo bekomme ich sie her?
☐ Kopie des/r Personalausweise/s	Selbst scannen oder abfotografieren
☐ Selbstauskunft	i. d. R. Formular der Bank
☐ Einkommensnachweise:	
• bei Angestellten: Gehaltsabrechnungen der letzten drei Monate und/oder des letzten Jahres und/oder aktuellster Steuerbescheid	Arbeitgeber und/oder Finanzamt
• bei Selbstständigen: Einkommensteuerbescheide der vergangenen zwei Jahre und/oder Bilanz/Betriebswirtschaftliche Auswertungen/Einnahmen-Überschussrechnungen der vergangenen drei Jahre	Finanzamt und/oder Steuerberater

Eigenkapital

Dokumente	Wer erstellt sie? Wo bekomme ich sie her?
☐ Gesamtübersicht	Formular B „Kassensturz"
☐ Auszüge von Festgeldkonten	Kontoführendes Institut
☐ Standmitteilung Aktiendepot	Depotführendes Institut
☐ Standmitteilung Bausparguthaben/ ggfs. Zuteilungsschreiben	Bausparkasse
☐ Riester-Vertrag mit Kontostand zum Jahresanfang	Versicherungsunternehmen
☐ Mieteinnahmen	Mietvertrag/Auszüge girokontoführende Bank
☐ Nachweis Renten-/Kapitallebensversicherung mit Rückkaufwert	Versicherungsunternehmen
☐ Schriftliche Zusicherung von Verwandtendarlehen	Verwandte
☐ Falls vorhanden: Unterlagen zu weiteren Immobilien (Grundbuchauszug, Gutachten, Kaufvertrag, Gebäudeversicherung, …)	Grundbuchamt/Gutachter/ Versicherungsunternehmen

Belastungen

Dokumente	Wer erstellt sie? Wo bekomme ich sie her?
☐ Gesamtübersicht	Formular I „Finanzierungskonzept"
☐ Noch bestehende Ratenkredite	Kreditgeber
☐ Regelmäßige Verpflichtungen	Kontoauszüge mit Unterhaltszahlungen etc.

Objekt

Dokumente	Wer erstellt sie? Wo bekomme ich sie her?
☐ Aktueller Grundbuchauszug	Grundbuchamt
☐ Lageplan/Flurkarte	Vermessungsingenieur/Katasteramt
☐ Grundriss/Wohnflächenberechnung	Alt-Eigentümer oder Architekt
☐ Baubeschreibung	Alt-Eigentümer oder Architekt/Energieberater
☐ Energieausweis	Alt-Eigentümer
☐ Fotos	Möglichst aktuell aufnehmen

Kreditbedarf

Dokumente	Wer erstellt sie? Wo bekomme ich sie her?
☐ Baukostenaufstellung	Energieberater/Baufirmen/ Formular I „Finanzierungskonzept"

Vergleich Kreditkonditionen

Um Kreditangebote belastbar vergleichen zu können, brauchen Sie ein Raster.

		Bank 1	Bank 2	Bank 3	KfW
Eckpunkte	Kreditsumme (in Euro)				
	Sollzinssatz (in Prozent pro Jahr)				
	Effektivzinssatz (in Prozent pro Jahr)				
	Tilgungssatz (in Prozent pro Jahr)				
	Volltilgerdarlehen (ja/nein)				
	oder Zinsbindung (in Jahren)				
	Monatsrate (in Euro)				
	Restschuld am Ende der Zinsbindung (in Euro)				
	Tilgungsdauer bei heutigen Raten und Zinsen (in Jahren)				
Konditionen	Raten flexibel anpassbar (ja/nein)				
	Anzahl Sondertilgungen (pro Jahr)				
	Höhe maximale Sondertilgung (in Prozent oder Euro)				
	Bereitstellungszinsen (ab wie vielen Monaten)				
	Höhe der Bereitstellungszinsen (in Prozent)				
	Teilauszahlungs-Gebühr (ja/nein)				
	Nebenkosten (z. B. Wertermitttlungsgebühr, in Euro)				
	Kündigung ohne Vorfälligkeitsentschädigung (ja/nein)				
	Zinsaufschlag für Vorfälligkeitsentschädigung (in Prozent)				
	Riester-Vertrag integrierbar (ja/nein)				
	KfW-Förderung möglich (ja/nein)				
	Kreditsplitting möglich (ja/nein)				
	Bearbeitungsdauer Antrag (in Tagen)				

Übergabeprotokoll

Mit einer sorgfältigen Übergabe und einem von beiden Seiten unterzeichneten Protokoll beugen Sie späterem Ärger vor. Sie können diese Vorlage für Ihr Vorhaben nutzen, aber auch individuelle Anpassungen vornehmen.

Stammdaten

Anschrift der Immobilie ______________________________

Name und Anschrift des Verkäufers ______________________________

____

Name und Anschrift des Käufers ______________________________

____

Datum der Übergabe ______________________________

Zustand der Immobilie

	ohne Mängel	Beschreibung der festgestellten Mängel	Frist für fachgerechte Mängelbeseitigung
Flur/Treppenhaus	☐		
Wohnzimmer	☐		
Küche	☐		
Schlafzimmer	☐		
Kinderzimmer 1	☐		
Kinderzimmer 2	☐		
Arbeitszimmer	☐		
Gästezimmer	☐		
Andere Wohnräume	☐		
Bad	☐		
Gäste-WC	☐		
Keller	☐		
Dachboden	☐		
Balkon/Terrasse	☐		
Garage	☐		
Nebengebäude	☐		
Grundstück	☐		

	ohne Mängel	Beschreibung der festgestellten Mängel	Frist für fachgerechte Mängelbeseitigung
Hauseingang	☐		
Grundstückszugang	☐		
Sonstiges	☐		

Zählerstände

	Zählernummer	Stand
Strom		kWh
Zweirichtungszähler (Stand Strombezug,		kWh
Stand Einspeisung)		kWh
Wärmepumpen-Strom (falls vorhanden)		kWh
Gas		m^3
Fernwärme		MWh
Heizöl		%
Wasser		m^3
Abwasser		m^3
Gartenwasser		m^3

Schlüssel (Anzahl)

☐ Hauseingangstür ______ ☐ Wohnungstür ______ ☐ Kellereingang ______

☐ Gartentor ______ ☐ Garage ______ ☐ Briefkasten ______

☐ Nebengebäude ______ ☐ Sonstige ______

Bei elektronischem Schließsystem

☐ Transponder ______ ☐ Zugangscode ______ ☐ Fingerprint-Änderung programmiert

Verbleibende Gegenstände im Haus/auf dem Grundstück

zum Verbleib
gemäß Kaufvertrag ______________________

____

____

zur Entsorgung ______________________ zuständig für Entsorgung ______________________

______________________ Kostentragung der Entsorgung ______________________

Übernahme von Dienstleistern (z. B. Müll, Energieversorger, Winterdienst, …)

Dienstleister 1 ______________________ Kontaktdaten ______________________

Dienstleister 2 ______________________ Kontaktdaten ______________________

Dienstleister 3 ______________________ Kontaktdaten ______________________

Erhaltene Dokumente

- ☐ Energieausweis
- ☐ Bedienungsanleitungen
- ☐ Garantieunterlagen
- ☐ Wartungsprotokolle/Prüfbescheide Haustechnik
- ☐ Baupläne/Grundrisse
- ☐ Grundsteuerbescheid
- ☐ Evtl. Unterlagen früherer Sanierungen

____

Ort, Datum, Unterschrift Verkäufer

____

Ort, Datum, Unterschrift Käufer